MAKE DELICIOUS MEALS BY NOT USING "A LITTLE SALT"

「塩少々」を やめると 料理はうまくなる

HIROSHI MIZUSHIMA
水島弘史

青春出版社

はじめに

──料理の〝当たり前〟を見直してみよう──

古いビルの3階にある小さな料理教室で、今日も僕は生徒さんたちと話をしながら料理を教えています。1回の教室でごいっしょできるのは最大で5、6人。テレビ番組に何度か出演した影響か、おかげさまで教室はいつも満員です。

「1日ひとり生徒さんが来てくれれば家賃が払えるかなぁ」と思いながら教室を開いてから約10年。生徒さんは、お料理初心者の若い女性からビジネスマン、プロの調理人、クッキングスクールの先生と、実にさまざまです。

みんなお料理が好きで、もっと上手になりたい、もっとおいしいものを家族に食べさせてあげたい、恋人や友だちをびっくりさせたい、と思ってやってきてくれます。

「いつでも味がピタッと決まるようになった」「今までで一番上手にステーキが焼けました」「こんなやり方で野菜いためがおいしくなるなんて！」

生徒さんたちがうれしそうに報告してくれるとき、「あ、うまくやり方を伝えられたんだな」と、僕もホッとしてうれしくなります。

料理教室は僕の勉強の場でもあります。いっしょに料理をつくりながら生徒さんの話を聞いたり、料理の方法を見せてもらったりしていると、「なぜ今までうまくいかなかったのか」「一般の人はなにが知りたいのか」「なにを教えてあげればいいのか」がよくわかってきます。料理のプロなら「当たり前」と思うことでも、一般の方が知らないことはたくさんあるのです。

料理教室をやるようになってから初めて知って、びっくりしたことがたくさんあります。たとえば、塩加減。多くのレシピには「塩ひとつまみ」「塩少々」「塩適量」「塩コショウで味を調える」「全体に塩をふって」「薄く塩をふる」などなど、さまざまな表現があります。これでは、いったいどれくらいの塩を加えたらいいのかさっぱりわかりません。本人は「ひとつまみ」の塩を入れているつもりでも、客観的に見ると「それはひとつかみです！」という場合もあります。

次に火加減。「弱火にしてください」といったとき、多くの生徒さんの火加減は「それ、どう見ても強火」ということがあります。コンロのつまみの「弱、中、強」という文字だけ見て、炎の様子はまったく見ていないという人がほとんどです。

また、「ダシ」についての誤解も多いようです。本来「ダシ」というのは、食材のなかに含まれる「うま味」。ほとんどの場合、食材として使う肉、魚、野菜からうま味を引き出せていれば、わざわざ追加で別の「ダシ」を加える必要はないのです。

僕たちプロには当たり前のことでも、こういう勘違いや誤解はずいぶん多いもの。

この手の一見小さな誤解が、「なんとなくイマイチ」「やっぱりお店みたいにはいかないよね……」という料理になってしまうのです。

料理歴が長く、腕にそれなりの自信があるという人でも、こうした誤解と思い込みのせいで、腕がそれ以上に上達しない場合も多いようです。

「塩をしっかりはかる」「ダシはなくても大丈夫」「野菜いためは弱火でつくる」など、この本に書いてあることが最初は信じられないかもしれません。でも科学的に考えると、これらは〝当たり前〟のことですらあるのです。ぜひこれまでの思い込みを捨てて、一度思い切って挑戦してみてください。

僕が教える料理のコツを実践して料理を食卓に出したときにご家族の反応が変わることが、きっと一番のうれしさになると思います。

みなさんのいつもの食卓に、小さな驚きと幸せが訪れますように。

水島弘史

もくじ

「塩少々」をやめると料理はうまくなる

Part 1 塩加減と火加減の新常識

Part 2

味の決め手は「ダシ」と「切り方」

Part 3 肉と魚をおいしくいただく

Part 4

ふだんづかいの料理のコツ

Part 1

塩加減と火加減の新常識

recipe 01 チキンソテー

recipe 02 野菜いため

recipe 03 トンカツ

recipe 04 ペペロンチーノ

recipe 05 ボンゴレ・ビアンコ

recipe 06 カルボナーラ

味は「塩加減」が9割

僕の「塩加減」と「火加減」をお伝えするのに最適なのが、最初にご紹介するチキンソテー。焼いた鶏肉を塩味でいただく、これ以上ないシンプルなメニューです。

ここでは、「塩をきちんとはかること」が最大のポイント。「塩少々」「ひとつまみ」「適量」などという目分量ではなく、素材の重さの0・8％を基本として、塩は0・1gまで正確に計量しましょう。

料理の味つけの基本は「塩加減」にあります。人間が生理的に「おいしい」と感じる塩分濃度が0・8％。これは人間の体液の塩分濃度と同じであり、生理食塩水の濃度ということです。塩がきちんと決まっていれば、それだけで素材はおいしく食べられます。コショウや各種のハーブは「つけ足し」だと考えてください。フレンチは「複雑なソース」で味をつけなければならないと思うかもしれませんが、基本はやっぱり塩です。塩がきちんと決まっているという前提で、味わいを深くリッチにするためにソースを少量使っています。

塩加減をきちんとするだけで、すべての料理は格段においしくなります。家庭で1人分、2人分をつくるときほど塩1gに気をつかってください。

キッチンスケールはデジタル表示で「0・1g」の単位まではかれるものだと便利です。塩をきちんとはかることが、「おいしさ」の第一歩になります。逆に、料理の味が「イマイチ」「決まらない」という場合、そのほとんどは塩加減の失敗です。

チキンソテーで準備する材料は鶏肉と塩だけ。肉の重さの0・8％を正確にはかり、肉の裏表全体に塩をまんべんなくふっておきます。塩味がついた肉を、テフロン加工の冷たいフライパンに皮を下にしてのせて「弱火〜弱めの中火」で焼いてください。「パチパチ」という音がして水分がはじけ飛ぶようだったら、火が強すぎ。なにも音がしないようなら弱すぎです。だんだん水分や油が出てくるので、たたんだキッチンペーパーを菜箸やトングではさみ、ていねいに吸いとります。皮のコラーゲンがゼラチン化し、それがさらに薄くクラスト状になったのがいわゆる「皮パリ」。皮目の下に水分がたまらないよう、ときどき肉を持ち上げて、皮の下の油や水分をふいてください。

「皮の面を10〜15分、裏返して2〜3分」焼くのが目安だと考えてください。このとき、肉の重さが焼く前の約8割になっていれば完成です。

「強火で短時間の調理」は水分もうま味も失われるので、「遅い！」と思ってもぜったい強火にしないでください。「弱火で長時間の調理」こそが、おいしさのルールです。

火加減の見方

フライパンや鍋の温度は、炎の大きさではなく鍋底との距離で決まる

中火

炎がちょうど鍋底についた状態

弱火

炎が鍋底にまったくつかない状態

強火

炎が鍋底全体に直接当たり、周囲にはみ出さない状態

弱い中火

炎が鍋底にギリギリでつかない状態

recipe 01

チキンソテー

皮パリパリなのに中はしっとり

材料

鶏モモ肉（またはムネ肉）…1枚
塩…肉の重さの0・8％
サラダオイル…少量

つくり方

❶焼く直前、裏表に塩をふり、全体にサラダオイルを薄く塗ったら、冷たいフライパンに皮目を下にしてのせ、弱めの中火にかける

❷フライパンの油がパチパチとはね始めたら弱火に落とし、最初に出てきたよぶんな油と水分をキッチンペーパーで吸いとる

❸肉の厚みの6〜7割の高さまで色が白く変わってくるころには、皮がパリパリになっている。ここで裏返す

❹裏返してから1分〜1分30秒ほどそのまま焼けば完成。肉の重さは焼く前の80％程度になっているはず

肉がかたくなるのは、細胞膜や筋膜などの「筋繊維」が45～50℃で収縮しはじめるから。50℃前後をできるだけゆっくり通過させるとよけいな水分、アク、くさみも出るので、それをとりのぞけば肉や魚はやわらかく仕上がります。

弱火でつくると料理は簡単になる

続いて、みなさんおなじみの野菜いため。材料はなんでもかまいません。今回は豚肉を少しと、ピーマン、キャベツ、もやし、ナスなど冷蔵庫にある定番残り野菜でつくってみます。肉抜きの野菜だけでももちろんかまいません。野菜1種類だけでもいいでしょう。「野菜いためを家でつくると水っぽくなる」という人が多いようですが、それは「火力が中途半端に強すぎる」から。おいしい野菜いためをつくるには、「ものすごい火力を使う」「超弱火でつくる」というふたつの方法があるのです。ただし、最初の「ものすごい火力」でつくるには中華鍋が必須で、しかもその鍋を「あおれる」ことが条件です。

では、家庭用のコンロと普通のフライパンで、どうやってつくれば野菜いためがおいしくなるかというと、ズバリ「超弱火でつくること」です。はっきりいって時間がかかりますが、この方法なら野菜本来のうま味や甘味がしっかり残り、けっしてベチャベチャにならず、しかも時間を置いてもシャッキリしています。

材料の下ごしらえは、全部の大きさをそろえて切っておくだけ。どの料理でも同じですが、とにかく材料を全部切って調味料もあらかじめはかっておきましょう。火を使う前にできることは、全部やっておくわけです。きちんと切ってバットなどに並べておくと、あとからの調理がラクというだけでなく、「分量」が目ではっきりわかるようになります。それがわかって初めて、「目分量」もわかるようになります。

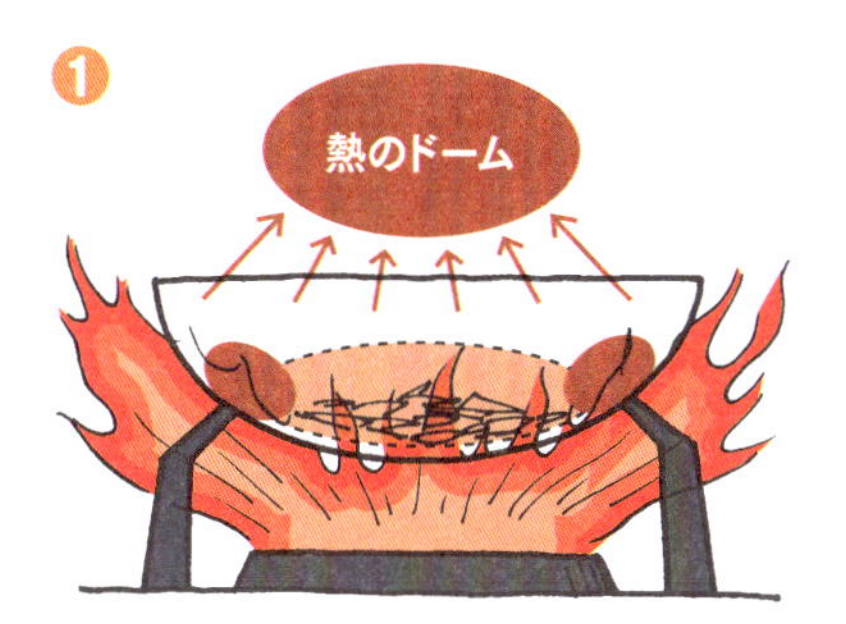

業務用コンロは火力が強く五徳も高いので、鍋の底ではなく側面が熱くなり、また上の方に"熱のドーム"ができる。いためものの場合、あおってこの熱のドームを通過させることで食材に火を通す

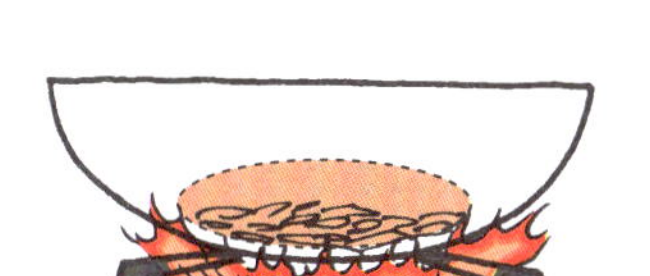

家庭用コンロでは鍋の底がいちばん熱くなるので、あっという間に焦げてしまう

野菜いためを調理するときは、冷たいフライパンに切った野菜を全部入れ、油を上からかけて両手でまんべんなく混ぜます。あえる、といってもいいでしょう。冷たいフライパンの上に、油をまぶした冷たい野菜の山がのっているわけです。あまり見たことがない光景だと思うので、ちょっとびっくりするかもしれません。

火は肉を焼くとき(弱めの中火)よりさらに弱い「弱火」。炎の大きさは、コンロのガス穴からフライパンの底までの半分くらいになるようにします。かたい野菜から先に入れる、なんてこともしなくてもOK。あとは2、3分に一度、下と上をざっとひっくり返すくらい混ぜて、8分ぐらいそのまま。ニンジンなどが多い場合は8分では足りないかもしれませんが、一番かたそうな素材に合わせれば大丈夫です。

弱火で野菜の温度をゆっくり上げると、内部の水分が急激に失われることはありません。この方法だと、時間がたってもシャッキリしているはずです。

recipe 02

野菜いため

超弱火でもシャッキリ!

材料

豚ロース…60g／**ニンジン**…60g／**もやし**…120g／**キャベツ**…60g／**パプリカ**…60g／**ピーマン**…20g／**キクラゲ**…30g／**日本酒**…8g／**塩**…2g／**しょうゆ**…1g／**コショウ**…（好みで）／**サラダオイル**／**ごま油**…5g（小さじ1）

つくり方

1. すべての野菜をもやしの太さに合わせて、細切りにする
2. 豚肉は7㎜程度の棒状に切る
3. フライパンにサラダオイルを少量ひき、温度の確認のため豚の小片をのせて弱い中火で加熱。小片に焼き色がついたら全部の豚肉を広げて入れる
4. 全体の色が変わったらキッチンペーパーに上げ、フライパンの油、水分もふきとる
5. 冷たいフライパンに野菜をすべて入れ、サラダオイルを回しかけて全体にからめる
6. 弱火にかける。ときどき箸で上下を返すようにして8分いためる。ニンジンがかたいようなら、もう少しいためる
7. とり出しておいた豚肉を加え、日本酒、塩を加えて弱火で2分いため続ける
8. いため香を出すため、最後に火を中火程度にしてしょうゆとごま油を加えて20秒
9. コショウをふったら盛りつける

これは、ゆっくり加熱することでできるかぎり水分を残す調理法です。常に弱火、または弱めの中火で調理すれば、肉も魚も野菜もおいしく焼けるし、フライパンも傷みません。焦げつかないので、お手入れもちょっとふくだけでＯＫ。ついでにガス代も節約できます。

揚げ物を失敗しなくなるコツ

次はトンカツです。肉はとくに筋切りをしたり叩いたりする必要はありません。トンカツもゆっくり加熱してつくるので、肉が縮んだり反り返ったりしてしまうことがないからです。この場合も0・8％の塩を全体にふった肉に薄力粉をはたきます。ここはできるかぎり、薄くはたいてください。料理用のハケを使うと肉のシワの奥やすき間にまでちゃんと入るので、少量でしっかりつけられますよ。女性のベースメイクと同じだと思ってください。厚塗りにならないよう、ポンポンはたくように薄く、むらなく、シワの奥までしっかりと。粉がむらなく薄く肉に密着していないと、衣もはがれやすくなります。

粉をしっかりつけたら、次は卵。溶き卵にサラダオイルを少し入れて混ぜます。これは、油で肉の周囲に皮膜をつくることが目的。それによって、肉の中の油が吸い出されていくのです。油は熱くなるとサラサラになって、より熱い方へ移動していこうとします。肉の周囲に油をまとわせておくと、加熱するにしたがって肉に含まれる余分な油が外部へと吸い出されていきます。揚げ物の周囲にまとわりついた油は、さらに高温になっているフライパンの油のほうへと出ていく。つまり肉の表面に油をまとわせることで、肉内部の脂を表面へ、さらに揚げ油の中へと移動させる。これが、「揚げ物が油っぽくならない」仕組みです。油を控えるより大事なのは、油を利用して余分な油を落とすことなのです。

揚げるときは、冷たいフライパンに深さ1センチぐらいサラダオイルを入れてください。そこに衣をつけたトンカツを静かに入れます。そうしたら、衣の上からさらにサラダオイルを静かに回しかけます。油の量は、トンカツの厚みのヒタヒタぐらいまであれば大丈夫。油面の上に出ている衣の部分にも油が全体にかかっていれば、準備完了です。ここで注意していただきたいのが、必ず周囲に油がいきわたるようにすること。もし油が回っていないと、衣がはがれ落ちる原因になります。

肉を投入し12～13分かけて130℃まで温度を上げたら、一度とり出します。できたら油を一度こして、パン粉のカスなどをとりのぞきましょう。きれいになった油をもう一度火にかけ、ここで200℃以上になるまで温度を上げてください。

そこに、トンカツをもう一度入れます。油がはねると危険なので、へらや網などにのせてそっと入れてくださいね。30秒ほど揚げて、こんがりきれいな揚げ色がついたらOK。網などにのせて油を切れば完成です。

仕上げの油は高温なので、
網でゆっくり投入する

\ recipe /

03

トンカツ

冷たい油からカラッと揚げる

材料（1人分）

豚肉…100~120g（2センチ前後の厚切り）／**塩**…肉の重さの0・8%／**コショウ**…好みで／**薄力粉**…少量／**溶き卵**…1個分／**サラダオイル**…10g（小さじ2）／**パン粉**／**揚げ油**

つくり方

❶豚に脂身が多い場合のみ、脂身だけ包丁の背で叩くか切り込みを入れる（火が通りにくいため）

❷分量の塩をふり、好みでコショウもふる

❸ハケをつかって薄力粉を薄くしっかりつけて、余分な粉をはたいて落とす

❹溶き卵にサラダオイルを加えてよく混ぜる

❺できるだけ肉を手で触らないようにして、溶き卵をくぐらせる

❻パン粉をつけて軽く押さえる

❼冷たいフライパンに1センチほど油を入れ、パン粉のついた豚肉を入れる

❽上から油をかけ、肉がかぶるところまで入れる

❾弱めの中火にしてフライパンをかける。45℃になったら一度火を止めて3分置く（肉が薄い場合、この手順は省略）

❿再び弱い中火で加熱を続け、100℃を超えて周囲が白くなってきたらそっと裏返す。130℃まで温度が上がったところで、肉を網の上にとり出す。

⓫ 木べらやしゃもじを使うと衣をきずつけにくい油を一度こしてパン粉などをとりのぞき、再度加熱して200℃まで温度を上げる

⓬再び肉を油の中にそっと入れ、30秒~1分ほどで表面がきれいな揚げ色になる

⓭とり出して網にのせ、油を切る

⓮切り分けて好みのソースをかける

バルサミコと赤みそのトンカツ用ソース

材料

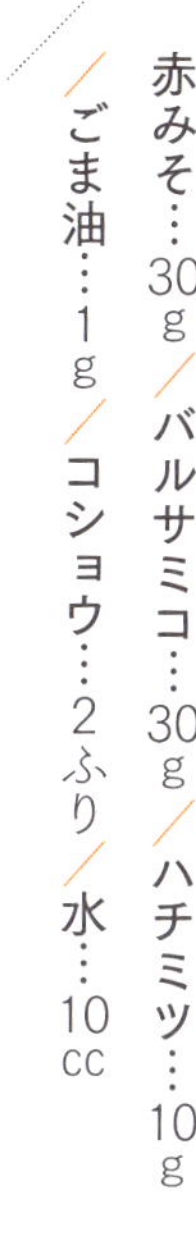

赤みそ…30g／バルサミコ…30g／ハチミツ…10g
／ごま油…1g／コショウ…2ふり／水…10cc

つくり方

1. バルサミコを小鍋に入れ、弱火にかけて5分の1になるまで煮つめる
2. みそをすりばちに入れて20回ぐらいする
3. 煮つめたバルサミコを加えてさらにすり混ぜる
4. ハチミツ、コショウ、ごま油を加えてさらにすり混ぜる
5. 水を加えて混ぜたら、全部小鍋に戻して弱火で3分ほど火を通して完成

フライパンに冷たい油を注いでから揚げるのが水島流。

そのまま食べておいしいパスタを

パスタの中でもっともシンプルなレシピが、「アーリオ・オーリオ・エ・ペペロンチーノ」。ニンニク、唐辛子、オリーブオイルだけでつくるパスタです。ところが、簡単なわりに「家でつくると、どうしてもうまくできない」という人が多いようです。

ペペロンチーノにはいくつかコツがありますが、そのコツさえおぼえてしまえば、けっして難しくありません。まず、ゆでるところから。パスタをゆでるというと、中心にちょっと芯が残る「アルデンテ」が思い浮かぶはずですが、基本的には「表示通り」でかまいません。それより、実はもっと大切なことがあります。

まず鍋と水の量。たいてい「大きな鍋にたっぷりのお湯をわかして」と書いてありますが、実は別に「大きな鍋」をムリに使う必要はありません。1人前80ｇのパスタだったら、直径15㎝、高さ10㎝程度の鍋でじゅうぶん。お湯は600㏄あれば足ります。

小さい鍋を使うときは、ゆでる前にパスタを束にしてふたつに折ってしまってかまいません。「えっ」と思うかもしれません。でも実際に食べてみるとわかりますが、パスタの長さが半分だからといって「わ、短い！」とは感じないはずです。

そしてもっとも大切なのが、ゆでるときの塩加減。すべてのパスタに言えることですが、おいしさのほぼ8割はこれで決まります。蒸発することを考えて、ゆでる前は水の1・3〜1・5％、ゆで上がりで1・8〜2％の塩分濃度になるようにします。

「適当に」塩を入れて、そのままゆでていませんか？「オイルやソースとからめるときにまた味をつけるんだから」と、あまり「ゆでるときの塩の量」など考えない方も多いでしょうが、この「ゆでるときの塩加減」こそが、おいしいパスタの最大のポイントです。

よくレシピには「塩分1％のお湯でゆでましょう」と書いてあることも多いです。お湯1リットルに塩を10ｇ入れるわけですが実は、まだ塩が足りません。

僕は水1リットルに対して塩15ｇ、つまり塩分1・5％でゆでることをオススメしています。1人前80ｇのパスタをゆでるのであれば、水は600cc程度でじゅうぶんですから、この場合は塩9ｇということです（水1リットルなら塩15ｇ）。ゆであがったパスタになんの味つけもせずにそのまま食べてみて、「おいしい」と思える塩加減がベスト。塩分1・5％で「少し塩辛い」という方は、1・2％（水1リットルに塩12ｇ）ぐらいに減らしてもかまいません。もし、そのあとにアンチョビなどを加える場合も、少し塩分少なめでゆでたほうがいいでしょう。

レシピ通りにつくると、ソースには合計で15ｇ（大さじ1強）のオリーブオイルが入ったことになります。「けっこう多いな」と思う人もいるかもしれませんが、イタリアンや中華料理の失敗理由で多いのは「油の控えすぎ」。でも、オリーブオイルは、一価不飽和脂肪酸（オレイン酸）が約7割を占めます。この油は悪玉コレステロール（ＬＤＬ）のみを減らし、善玉コレステロール（ＨＤＬ）を減らさない効果があることでも知られています。

recipe 04

ペペロンチーノ

シンプルなのにやみつきになる味

材料（1人分）

パスタ…80g前後／**塩**…1・5％（※水1リットルなら15g）／**オリーブオイル**…小さじ1前後（ゆで汁に加える）／**ニンニク**…5g／**赤唐辛子**…2分の1〜1本／**イタリアンパセリ**…2枚／**オリーブオイル**…ピュアオイル10g・バージンオイル5g

つくり方

❶ニンニクをみじん切りにし、赤唐辛子は種をとりのぞいて輪切り、イタリアンパセリはざく切り

❷分量の塩、オイルを入れたお湯をわかして沸騰させ、パスタを入れてタイマーをかける。最初だけくっつかないように混ぜ、沸騰状態を保てる火加減に

❸冷たいフライパンにピュアオイル、ニンニク、赤唐辛子を入れ、弱火にかける。軽く色がついたら火を止める（できれば、パスタのゆであがりと時間を合わせる）

❹❸のフライパンを中火で加熱し、フツフツと泡がわきあがってきたら、ここでバージンオイル5gとパセリを加える

❺❹のフライパンは火を止めず、そこにトングなどでパスタを鍋から直接フライパンに入れる（湯切り不要）

❻火を強め、水分を蒸発させながらトングでオイルとパスタをあえ、全体にからめて完成

イタリアンや中華料理の失敗理由で多いのは「油の控えすぎ」。もともと日本の食文化には油があまり使われてこなかったので仕方ありませんが、いい油を思い切りよく使うから中華やイタリアンはおいしいのです。

ボンゴレはアサリの塩分に注意

ペペロンチーノの応用編として、同じオイル系のパスタであるボンゴレについて研究してみましょう。アサリのスープパスタというのもあるのですが、店で出てくるスープパスタって、水分が多すぎるような気がします。

ボンゴレはアサリを使うので、ペペロンチーノと違って、アサリそのものに塩分や水分が含まれます。ここが、ペペロンチーノとは少し味の決め方で違うところです。また、アサリをふっくら、かたくならないようにあえなければならないという課題もあります。

まずアサリですが、がっちりカラが閉じたアサリの口をどうやって開けさせるか、という問題があります。一番の目的は、アサリの身を縮ませず、かたくせず、ふっくらジューシーなまま身を食べること。もちろんアサリに含まれるおいしいスープが味の決め手になるので、これも逃がしたくありません。アサリの口を開けるとき、唯一にして最大のポイントは「強火でムリに開けない」。これだけです。

まずはペペロンチーノと同じように、1・5％の塩を入れてお湯をわかします。あまり長時間沸騰したままお湯をほうっておくと、どんどん蒸発してゆで汁が塩辛くなるので気をつけてください。冷たいフライパンにピュアオイル、ニンニクのみじん切りと種をとった唐辛子（丸ごとでも、輪切りでもOK）を入れて弱火にかけます。ニンニクがいい色になったら白ワインと日本酒を投入。そこによくカラを洗ったアサリを全部入れてください。20分ぐらい、3％の塩水につけて砂を吐かせましょう。塩水を35℃くらいにすると、短時間でよく塩を出してます。潮干狩りのときの干潟の温度がだいたい35℃だからです。

アサリはスーパーなどですぐ手に入りますが、気をつけてほしいのはトレイにのってラップがかかった、乾いたアサリを買ったとき。カラの表面などに海水の塩分がかたまって付着していることが多いのです。乾いたアサリを買ったときは、たとえ「砂抜きずみ」とあっても、真水でよくカラを洗ってください。そうしないと、ゆで汁の塩分にカラについていた塩が加わって、やたら塩辛いボンゴレになってしまいます。

ボンゴレ・ビアンコはペペロンチーノよりちょっと手順が多くなりますが、どちらもあわててつくる必要はありません。パスタというと「とにかく手早く」と焦ってしまう人が多いですが、ソースは先につくって火から下ろしておき、パスタがゆであがる直前に加熱すれば大丈夫なのです。

recipe

05

ボンゴレ・ビアンコ

アサリがふっくら！ ソースがおいしい

材料（1人分）

パスタ…80g前後／**塩**…1・5%（水1・5リットルなら22・5g）／**オリーブオイル**…小さじ1前後（ゆで汁に加える）／**アサリ**…150〜180g／**ニンニク**…2g／**赤唐辛子**…2分の1〜1本／**オリーブオイル**（ピュアオイル10g、バージンオイル10g）／**白ワイン**…10g／**日本酒**…10g／**イタリアンパセリ**…2枚／**コショウ**…好みで／**パルメザンチーズ、バジルペースト**…好みで

つくり方

❶みじん切りにしたニンニク、種をとった赤唐辛子、ピュアオリーブオイルを入れて弱火にかける。軽く色づいたら白ワイン、日本酒を入れる

❷しっかり砂抜きし、カラを洗って塩分などを落としたアサリを入れる

❸アルミホイルで落としぶたをする。弱火のままゆっくり加熱

❹カラが開いてから3〜5分加熱後、火を弱い中火にする。煮汁が沸騰したらオイルを加え、泡だて器を左右に動かし水分を飛ばす

❺パスタがゆであがったら❹のフライパンを中火で温め、熱々になったらパスタを入れる。「熱いソース」と「熱いパスタ」を一気に合わせる

❻よく混ぜ合わせ、パセリのみじん切り、好みでコショウをふって盛りつける。パルメザンチーズ、バジルペーストを添えてもOK

アサリの口を強火で開けようとすると身が縮みます。フライパンに入れたらフタをせずに、弱火のままアルミホイルで軽くおおうのがオススメ。

卵黄をのっけるだけ！　のカルボナーラ

カルボナーラを教えてほしいという声は、僕の料理教室でもとても多くあります。卵がかたまりすぎたり、生っぽかったりしてうまくいかないようです。レシピも生クリームが多いもの、牛乳が多いもの、卵黄だけでつくるものなど実にさまざまです。

卵と水分のバランスは重要で、牛乳や生クリームの量が多すぎるとベチャベチャになり、逆に卵黄が多すぎるとベタベタに。そして温度が高すぎると、すぐ「いり卵」のようになってしまいます。でも、まず基本を押さえておけば失敗はなくなります。

ベーコンや生ハムなど、具の塩気が強い場合はゆでるときの塩加減をやや控えめにします。冷たいフライパンに生クリーム、牛乳、生ハムを入れておき、パスタがゆであがる30秒ぐらい前に中火で加熱してください。沸騰してワーッと泡が出てきたら、トングでパスタを鍋からとり出し、そのまま入れます。

一気に強火にしてそのままトングで混ぜながらからめてください。からめるのはほんの10秒くらいでしょうか。からまったら火を止めてしまいます。ここ大事。

そして、パスタの真ん中に卵黄をひとつ、ポンとのせます。卵黄は溶かずくずさず、そのままのせるのがポイント！　あとは落ち着いてゆっくりからめてみてください。グルグルかき回すのではなく、下のほうからパスタを持ち上げて上のほうへ、という感じです。

やってるうちに、サラッとした牛乳の生クリームに、卵黄がすこしずつかたまりながらからんでいくので、トロンとした濃度がついていくのがわかるはずです。

　ちょうどいい状態になったらこれで完成。僕はここで、黒コショウをたっぷりかけます。ベーコンを使いたい場合は、最初に弱火でじっくりいため、一度とり出してから、生クリーム、牛乳とあえます。生ハムなら軽くいためてから生クリームと牛乳を。

　卵黄を急激に加熱せず、パスタの余熱でゆっくりあえながらとろみを出していくことが重要です。ガンガンに熱くなったフライパンにパスタといっしょにドバッと卵を入れたら、すぐにボロボロのいり卵。逆にさめた生クリームをパスタにからめようとすると、いくらかき回しても卵はかたまらず生っぽいまま。

　この方法を、僕は「釜玉うどん式」と呼んでいます。カルボナーラの基本は「火加減」。卵黄、卵白ともに使う方法もありますが、卵白は卵黄より低温でかたまりやすいので、卵黄だけでつくったほうが失敗しにくく、濃厚に仕上がります。

火を止めて、卵黄をひとつくずさないように入れてからめていく

\ recipe /

06

カルボナーラ

ぜったいに失敗しない「釜玉うどん式」

材料（1人分）

パスタ…80g前後／**塩**…1.5％（※水1リットルなら15g）／**オリーブオイル**…小さじ1／**卵黄**…1個（17～20g）／**生クリーム**…20g／**牛乳**…30g／**塩**…0.2～0.3g／**パルメザンチーズ**…8g／**ベーコン**…40g

つくり方

❶ 割り箸ほどの棒状に切ったベーコンをフライパンに入れ、弱火でゆっくり3分程度いためる。余分な油はふきとる

❷ 鍋に湯をわかし、分量の塩、オリーブオイルを入れて沸騰させる

❸ パスタを入れて、表示時間通りにタイマーをかける

❹ ❶のフライパンの余分な油をふきとったら、牛乳、生クリーム、塩を加え、ベーコンとともに弱火で1分煮立てる

❺ 煮立った❹に、ゆであがりのパスタを加え、弱火のまま10秒ほど混ぜてから火を止める

❻ 卵黄をつぶさないまま、パスタの真ん中に落とす。トングでパスタを下から上に混ぜるようにして、卵黄をなじませていく。だんだんとろみがつく

❼ 少しとろみがついたら皿に盛り、パルメザンチーズ、コショウをふる

卵黄を急激に加熱せず、パスタの余熱でゆっくりあえながらとろみを出していくことがポイントです。

Part 2

味の決め手は「ダシ」と「切り方」

recipe 07 筑前煮
recipe 08 鯛の潮汁
recipe 09 豆腐のおみそ汁
recipe 10 寄せ鍋

recipe 11 ヴィシソワーズ
recipe 12 鯛のカルパッチョ
recipe 13 トマトサラダ
recipe 14 フライドポテト

そもそも「ダシ」ってなんでしょう？

筑前煮というのは根菜類と鶏肉のいため煮。「炒り鶏」と呼ぶ人もいますね。ここではレンコン、サトイモ、ニンジン、シイタケ、ゴボウを使い、コンニャクと鶏のモモ肉も入れますが、材料はこの通りでなくてもかまいません。

また、カツオや昆布でダシをとる必要もありません。そう聞くと、「え〜、ほんとにおいしいの？」と思う人がたくさんいると思います。日本食や煮物といえば「ダシが命！」「決め手はダシ！」「ダシこそ文化！」……。しょっちゅう耳にします。

「ダシがなくて、煮物がおいしくなるわけがない！」と決めつけてしまう前に、ちょっと考えてみましょう。そもそも「ダシ」っていったいなんだと思いますか？

本来の「ダシ」というのは、必ずしもしょうゆや塩のように調味料として買って来る必要はないものなのです。だって、カツオにしても昆布にしても鶏ガラスープにしても野菜の粉末ブイヨンにしても、もとはといえば、日常的に料理に使う肉や魚介類、植物類から抽出されたものだからです。

「ダシ」の定義は、簡単にいえば「うま味」のこと。それを加えることでメインの食材のおいしさを増幅させ、引き立てるためのものです。そうなると、食材を生かさず「ダシ」を入れるのは本末転倒。つまり、「ダシ」（グルタミン酸やイノシン酸といったうま味のもと）は食材のなかにもともと入っているのです。

では、なぜ私たちはわざわざ「ダシ」を加えているのかといえば、なんらかの理由で具材である野菜や鶏肉の「本来のうま味」が引き出せていないため、仕方なく「ダシ」をあとから追加しているということにほかなりません。具材がもともと持っているうま味を引き出せていれば、あえて「ダシ」を足す必要などまったくないのです。

これからご紹介する筑前煮の材料は、鶏肉と野菜です。鶏にも野菜にも「うま味」はたくさん含まれています。それぞれの味を知って、そのおいしさのもと＝うま味をじゅうぶん引き出すことが、このつくり方の最大のポイントです。

また、煮物には「これを入れちゃダメ」という野菜などありません。筑前煮というのは、僕のイメージでは「ラタトゥイユ」と同じです。簡単にいうなら、野菜をいためてそこに必要な塩分が入った調味料をからめる、ということ。つまり「煮物」といっても、煮汁のなかに具がひたっているという感じではなく、できあがったとき水分はほとんどない、という仕上がりです。もちろん途中で水は使うのですが、必要最小限の水分に調味料を漂わせ、野菜に火を通しながらこれをからませ味を含ませていく、という流れになります。

調味料として加えたしょうゆや砂糖はすべて素材に入ってしまうので、結果的に使う調味料はとても少なくてすみます。味の濃い煮汁のなかで具材を煮て、完成したとき煮汁がたくさんある状態だと、かなりの量の調味料が必要になるのですが、今回ご紹介する方法はとても経済的、健康的です。

recipe 07

筑前煮

「ダシ」を使わず素材のうま味を引き出す

材料

ゴボウ…50g／**ニンジン**…50g／**サトイモ**…60g／**コンニャク**…60g／**スナップエンドウ**…4本／**シイタケ**…50g／**レンコン**…40g／**水**…50cc／**日本酒**…50g／**鶏モモ肉**…120g／**砂糖**…6g／**塩**…1g／**こいくちしょうゆ**…小さじ2（塩分2g分）

※塩分は合計で塩3g分

つくり方

❶ゴボウ、ニンジン、サトイモの皮をむいて、2・5cmほどの乱切りにする

❷シイタケは4つに割り、レンコンは7mmにスライス。スナップエンドウはすじとヘタをとる。鶏肉は3cmほどに切る。コンニャクは4cm角に切って細かい切り込みを表面に入れてから熱湯で2分ゆでて湯を切っておく

❸鍋に湯をわかし、沸騰したらゴボウ、レンコン、ニンジンを入れ1分後にサトイモを入れる。さらに1分たったらザルにあげてお湯を切る（合計2分）

❹別鍋で1・7％塩分の湯をわかし（塩は材料の分量外）、スナップエンドウを2、3分ゆで、水をくぐらせて粗熱をとる。水気は切っておく

❺フライパンにゆでたゴボウ、ニンジン、サトイモ、レンコンに、生のシイタケを入れてサラダオイル（分量外）をからめ、弱火～弱めの中火で約10分いためる

❻野菜のフライパンに日本酒と砂糖を加え、弱い中火で5分煮立ててアルコールを飛ばす

❼別のフライパンで鶏の皮目を下にして並べ、弱火にかける。油、水分をペーパーで吸いとり、半分の高さまで火が通ったら返してさらに焼き、全体

にしっかり火を通す。火が通ったらとり出しておく

❽ ❻の鍋に焼いた鶏肉、水、塩、しょうゆを入れて弱い中火で5分煮る

❾ 煮汁をからめながら少し煮つめる。じきに煮汁がほとんどなくなるので火を止める

❿ そのまま10分ほど置く

⓫ 器に盛り、❹のスナップエンドウを添える

できあがったとき、煮汁はほとんど残りません。煮汁を残さないこの方法でつくると、冷蔵庫で数日たっても味が落ちず、お弁当にも最適です。

魚ひと切れからダシを引き出す

次は「お吸い物」です。さすがに、お吸い物には「ダシ」が必須だと思う方も多いでしょうが、これもあえて「ダシ」を加えずにおいしくつくります。素材からうま味がほとんど出せない「豆腐」だとさすがにキビシイですが、魚介類を使った「鯛の潮汁（うしおじる）」であれば、白身魚の切り身がひと切れあればダシを入れなくてもじゅうぶんおいしくなります。

もちろん、加えてはいけないということではありませんが、まずは「ダシなしでもこれだけおいしくなる」という方法でやってみてください。秘訣といえるものがあるとすれば、「火の通し方」と「塩加減」だけです。

魚の切り身からダシをとる、というと、「じゃあ、煮たあとの魚はスカスカになっちゃうんじゃないの？」と思うでしょうが、加熱方法を間違えなければけっしてそうはなりません。これは鶏肉などでも同じですが、煮汁にはスープがきちんと出て、しかも肉は水分が失われずうま味も食感もちゃんと残っている、という状態です。

「うま味は煮汁に出るけれど、水分は外に出ない」ってなんだか不思議ですよね。そんなに都合よくいくの？　と思う方がいるかもしれません。やり方は、ゆっくり加熱して最初に出てくるくさみだけをとりのぞき、あとのうま味と水分は食材のなかに残しておくというもの。でも、すべての水分を食材のなかに閉じ込めておくことはできません。うま味とともに煮汁のなかに溶け出した少量の水分が「おいしいスープ」になるわけです。

切り身はひと切れでだいたい70g。あとは昆布を2g。この昆布はなくてもかまわないのですが、動物性の鯛に植物性の昆布のうま味をプラスし、リッチな深みを加えるために使います。注意していただきたいのが塩加減。最初の「煮汁」は濃い目の塩分でつくって「吸い地」として、お椀に入れるものは水で少し薄めて塩分を調節するので注意してください。加熱しては火を止めたりしてうま味を引き出していくので、調理時間は少しかかりますが、基本的には「ほぼ放置」なので、キッチンタイマーをかけたらその間にほかのお料理をするなり、洗い物をするなりしていてください。

さて、時間をかけてダシがとれたら魚を煮汁からそっととり出し、残った煮汁を鍋にかけ、ゆっくり加熱していくと、びっくりするほどの白いアクが浮いてきます。

あっさりした鯛の切り身ひと切れからこんなに!? というくらいの量なので、沸騰する前に火を止めてこれをキッチンペーパーなどでこします。これで「お吸い物の原液」ができました。このままでは塩辛すぎるので、これを水で薄めて濃度を調えます。ぜひやってみてください。

40℃まで加熱し、10分放置してから弱火で70℃へ。温度計を使えばカンに頼らずにすむ

recipe

08

鯛の潮汁

切り身ひと切れから深い味わいを出す

材料（2人分）

日本酒…50g／**鯛の切り身**…60〜70g／**水**…360cc／**ゆず**…0・3×2㎝を一枚／**昆布**…2、3g／**菜の花**…18〜20g／**塩**…6・8g／**塩分濃度調整用の水**…500〜600cc

つくり方

❶日本酒を鍋に入れて弱火にかけ、数分加熱しアルコールをとばす（40gくらいになるまで）

❷鍋に360ccの水、❶の日本酒、昆布、鯛の切り身、塩を入れ、軽く混ぜて塩を溶かし10分置く（塩分濃度はこの段階で1・7％）

❸弱火にかけて、温度を40℃まで上げたら火を止め、フタをして10分置く

❹再度弱火にかけて70℃まで温度を上げ、フタをして5分置く

❺フタをとって鯛をとり出す

❻汁を90℃まで加熱する。アクが浮き上がってくるのでキッチンペーパーなどでこす

❼こした❻のダシには6・8gの塩分が含まれる。この塩分で0・7％の吸い地にするために、500ccほど水を加えて調節する

❽人数分の吸い地を別鍋に取り分ける

❾残った吸い地に鯛を戻し入れて弱火にかけ、80℃になったらとり出して椀に盛る

❿❽で取り分けておいた吸い地をさらに温めて鯛の入った器に張る

⓫木の芽、ゆずなどの吸口をあしらう

少し時間はかかりますが、ほぼ放置しておけるので、キッチンタイマーをかけてほかのお料理や洗い物をしている間にできあがります。

みその風味を立たせるには

かなりの日本人が一度はつくったことがあるおみそ汁ですが、「まっとうなつくり方」を知っている人はすごく少ないような気がします。おみそ汁にとって一番大事なことを質問すると、多くの人が「ダシ」と答えます。でも僕が一番大事だと思うのは、やっぱり「素材のおいしさを引き出すこと」で、次に大事なのが「みその風味を生かすこと」。

素材の味をみそで殺さず、引き立てるために僕がオススメしているのは、塩を加えてその分みその量を控えること。もうひとつ、みそはきちんと「軽くすってから」使います。

みその風味を引き出すのに一番有効なのは、小さなすりばちに使うだけのみそをとり、小さめのすりこぎで軽くすること。ここに煮汁を入れてさらにやさしく混ぜ、すっかりみそが溶けたところで煮汁に加えればいいのです。どんなみそもこうして軽くすることによって風味がパッとたち上がり、いい香りを感じられるようになります。

おみそ汁というのは「みそ味」で食べるものではなく、「みその風味」で食材を引き立てて食べるものだということを忘れないでください。沸騰させるとみその風味は飛んでしまいます。みその入れすぎも素材の味を殺すので、最低限の分量を使うようにしましょう。

そのために、僕は少量の塩を入れ、「塩＋みその塩分」の合計が汁全体の0・8％になるようにしています。塩分過多になるような気がするかもしれませんが、実は塩を入れた分みそを減らすので、実際には減塩になります。

そして、軽くすったみそと塩を加えることでみその風味が立ち、しかも結果的に塩分も控えめですむのですから、いいことずくめ。素材の味を殺してしまうこともありません。

「みそを軽くすってから煮汁で溶いて入れる」「けっして沸騰させない」「塩と併用してみそを控えめにする」ということの大切さをおぼえておいてください。

これだけしっかりやっておけば、ほとんどの場合おみそ汁にカツオや昆布のダシを加える必要はありません。素材のうま味もみそも、「ダシ」のひとつだからです。

ただし、豆腐など「うま味」がじゅうぶんに出てこない具材の場合、やはりダシを加えないとおいしくはなりません。そうした場合に使える、ご家庭で手軽にできるダシのとり方と、それを使ったおみそ汁をご紹介しましょう。

昆布にはさみで切り込みを入れておきます。鍋に水と昆布を入れて10分置きます。ここにカツオ節を入れたら弱火〜弱い中火にかけてゆっくり加熱をはじめます。ゆっくり温め、10分かけて80〜85℃にしましょう。くれぐれも沸騰させないように。沸騰させるとエグみが出てしまいます。80℃を超えたら火を止めてそのまま静かに置き、キッチンペーパーでこせばできあがり。こすときに上から押さえつけたり、ペーパーを絞ったりしないでください。ダシが濁るし、エグみも入ってしまいます。このダシでおみそ汁をつくると、驚くほど味わい深いものになっているはずです。ぜひ試してみてください。

recipe 09

豆腐のおみそ汁

切り身ひと切れから深い味わいを出す

基本のダシ

材料

水…500cc／カツオ節…10g／昆布…5g

つくり方

❶昆布の2辺に周囲から5㎜幅で1㎝ほどの切り込みを入れる
❷鍋に水と昆布を入れて10分置く
❸❷の鍋にカツオ節を加えて弱火〜弱い中火にかけ、10分間かけて80〜85℃に温度を上げる
❹火を止めて10分間そのまま置く
❺キッチンペーパーなどで静かにこせばできあがり

材料（2人分）

みそ…小さじ3（塩分2・4g）／ダシ…400cc／塩…1・2g ※（ダシ＋豆腐＋揚げの重量）×90％×0・8％で算出（ダシ＋豆腐＋揚げの合計が500gだった場合）／豆腐…3分の1丁／刻みネギ…適量／油揚げ…4分の1枚

つくり方

❶油揚げは熱湯をくぐらせて油抜きをしてから水分をふきとり、幅5㎜、長さ3㎝ほどに切る
❷鍋にダシを張り、油揚げを入れる
❸続いて適宜切った豆腐を入れて弱火〜弱い中火で約1分煮る
❹すりばちにみそを入れて軽くすり、❸の煮汁100gを入れて伸ばす
❺網でこしながら❹を❸の鍋に入れ、塩を加える
❻食べる直前に軽く温めなおし、椀によそってネギをあしらう

このひと手間でみそが活性化され、
驚くほど味わいが出る

アクとりがいらなくなる鍋料理

鍋が嫌いな人ってあまりいませんよね。最近はモツ鍋をはじめキムチ鍋、豆乳鍋、トンコツ鍋、トマト鍋、なんてひと味変わった鍋を出すお店も増え、スーパーにもいろいろな味つけの「鍋のダシ」が並んでいます。

でも、まずは基本の「寄せ鍋」を一度つくってみてください。「えー、寄せ鍋なんて、鍋に昆布と水を入れて、煮えにくそうな材料からジャンジャン入れて、煮えたものからポン酢で食べるだけじゃん！」と思ったあなた。もしかしたら、寄せ鍋の本当のおいしさを知らないかもしれません。

寄せ鍋には好みの魚介や肉、野菜を入れますが、それぞれの素材のうま味をじっくり引き出して、ひとつの鍋として楽しむものです。ということは、ここまでご紹介してきた「素材のうま味を引き出す弱火調理」と「適切な塩分量」が決め手になります。

寄せ鍋もまた、お吸い物や筑前煮と同様、最大にして唯一のコツは「塩加減」と「火加減」なのです。僕がお教えする「寄せ鍋」の大事なポイントは、鍋のスープにすでに塩味がついている、ということ。「寄せ鍋なら、あとからポン酢やゴマだれをつけるんだから、塩味なんかいらないんじゃない？」というのは大間違い。素材のうま味を最大限に引き出して塩で味をつけた鍋は、ポン酢なんかつけなくてもびっくりするほどおいしいのです。

スープには複雑なうま味が溶け出し、そのまま飲んでもいいし、肉も魚もふっくらジューシー。シメの雑炊はもちろん最高です。しかも、この方法だと鍋の大敵「アク」がほとんど出ません。鍋パーティーのあいだじゅう、常に誰かが「アク」をオタマですくわなければならない、なんてこともありません。ポン酢などのタレはほんとに少量、風味づけに使うだけでじゅうぶん。そのかわり、鍋をはじめる前にひと手間必要です。

材料はなんでもお好みでけっこうです。今回は鶏のひき肉でつくった「つくね」も入れましたが、鶏モモ肉だけでも、薄切りの豚肉などでもいいです。魚介類はタラ、サケ、エビ、ハマグリ、なんでもいいでしょう。野菜もお好みで。

鍋をコンロにのせて水を入れましょう。そこに白身の魚、鶏モモ肉を投入。つくねはスプーンなどで軽くまとめたものをひとつずつ、そっと入れてください。10分ほどかけて55℃ぐらいまで上がったら火を消してフタをし、5分ほどそのまま置いてください。

鶏肉はまだ中まで完全に火が通っていませんが、それでOK。肉の内部が55℃近くにまでなっていれば、これでしっかりくさみやアクが抜けています。

これを90℃まで温度を上げたら火を止めて、キッチンペーパーなどでこすと白濁していたスープはきれいな透明になり、たくさんのアクが出ているはずです。まずはご自宅で気兼ねなく試してみてください。

\ recipe /

10

寄せ鍋

アクが出ない！ スープがおいしい

材料（2人分）

鶏ひき肉（つくね）…120g／**魚切り身**…200g（2切れ）／**長ネギ**…100g（1本）／**シイタケ**…50g（2枚）／**鶏モモ肉**…140g（2分の1枚）／**エノキ**…60g／**ハマグリ**…200g（4個）／**白菜**…200g

鶏つくねの材料

鶏ひき肉…120g／**長ネギ**…20g／**しょうが**…10g／**片栗粉**…10g／**卵白**…10g／**塩**…スープの重量の0・8％／**水**…1000cc

ゆずポンの材料

ゆず…1個（ゆずしぼり汁20g、ゆず皮5g）／**酢**…20g／**メープルシロップ**…10g／**しょうゆ**…20g

つくり方

つくねをつくる

❶ボウルにひき肉を入れて重量の0・8～1％の塩をして、すりこぎ棒で突くようにしっかり混ぜ、粘りを出して肉同士を結着させる

❷長ネギとしょうがのみじん切り、片栗粉と卵白を混ぜ合わせ、重量の0・8～1％の塩をして混ぜる

❸❶と❷を混ぜ合わせてつくねにする

スープづくり～鍋

❶鍋に1000ccの水を入れ、つくね、鶏モモ肉、魚の切り身を入れて中火にかける

❷10分間で55℃まで加熱する

❸フタをしてそのまま5分置く

❹つくね、鶏肉、魚をとり出す

❺煮汁を中火にかけて再度90℃まで温度を上げて、鍋いっぱいに出てくるアクをキッチンペーパーでこす

❻鍋の内側についたアクはふきとるか、鍋を一度洗う

具がなくなったらスープを一度ザルでこし、鍋に戻してから温め、ごはんを入れて数分弱火で煮る。仕上げに溶き卵を少しずつ回し入れてフタをして1分蒸らし、軽く混ぜれば卵雑炊になる。

7 スープの重さの0・8%の塩を加えて鍋に再度戻す（1000ccなら8g）

8 7のスープに、野菜と水洗いしたハマグリを入れてフタをして中火にかける

9 沸騰してきたらフタをとり、まだアクが出るようであれば軽くとりのぞいて、弱火にする

10 野菜が煮えてハマグリの口が開いたら、つくねや魚、鶏肉など食べたいものを順に鍋に入れ、軽く温めてすぐに器にとって食べる（※煮汁が煮つまった場合は水を加える）

ゆずポンをつくる

1 ゆずの皮をはぎ、白い部分はとりのぞいて細切りにする

2 ゆずを半割りにしてしぼる

3 しぼり汁に酢、しょうゆ、メープルシロップと刻んだゆず皮を加えて混ぜる

recipe 11

ヴィシソワーズ

ぜひおぼえておきたい冷製スープの決定版

材料（2人分）

タマネギ…50g／**長ネギ（ポロネギでも）**…50g／**ジャガイモ**…100g（皮をむいた状態で。男爵がオススメ）／**日本酒**…30g／**水**…100cc／**牛乳**…170g程度（裏ごししたジャガイモと同量）／**塩**…2・8g（仕上がり350gの0・8％）／**コショウ**…少々／**タイム**…1枝／**パセリ**…少々

つくり方

❶鍋に5㎜スライスの長ネギとタマネギを入れ、オイルをからめて5分いためる。水にさらした1㎝角のジャガイモを加えてさらに2分

❷150℃に予熱したオーブンにフタをした❶の鍋を入れて30分「蒸し焼き」にする。ジャガイモの香りがして、つぶすとほぐれる状態ならOK

❸弱めの中火にかけ、日本酒を加えてつぶしながら混ぜ、アルコール分を飛ばす。塩、タイム、コショウ、水を入れて弱火で10分煮る

❹タイムをとりのぞき、荒めの網かザルで裏ごしする。網にこすりつけず、上から押さえつけるようにしてこす。ここで重さをはかる

❺仕上がりの350gから裏ごししたピュレの重さを引いた分の牛乳を加え、静かに混ぜる

❻❺をミキサーに5秒かける。これ以上かけると粘りが出すぎ、舌ざわりが重くなるので要注意。盛りつけてパセリを加えたら完成

タマネギや長ネギ、ジャガイモをゆっくり加熱して味を引き出せていれば、塩コショウ以外にコンソメなどを入れる必要はありません。

切り方ひとつで味も香りも変わる

次は包丁の使い方、つまり「切り方」についてお伝えしていきましょう。

「塩」と「火」は料理の基本。でも実はもうひとつのポイントが「切る」という作業です。「切る」をマスターするには、ある程度のトレーニングと慣れが必要です。間違った切り方をすると、野菜からは水分が出てベチャベチャになるし、うまみや甘みも逃げてしまいます。また、煮くずれしやすくなって、日持ちもしなくなる。

ところが、正しく切れば野菜いためはさらにシャッキリおいしくなります。トマトの角切りだって身がくずれないし、タマネギを切っても涙が出ません。ネギの小口切りは冷蔵庫で5日ぐらい持ちます。ウソみたいだと思うかもしれませんが、全部本当です。

特別な包丁はいりません。スーパーの500円ぐらいのものでも、100円均一の包丁でもけっこうです。たったひとつだけ大事なのは、「刃がまっすぐ」であること。

まな板の上など平らなところに刃を寝かせてピタリと押しつけてみましょう。刃とまな板の間にいっさいすき間がないのが「刃がまっすぐ」な状態です。切れ味は気にしなくてかまいません。多少刃こぼれがあっても、刃がまっすぐでありさえすれば問題ないのです。

そして大切なポイント。ご家庭では包丁を研がないでください。というのは、包丁はとても繊細な器具なので、素人がガシガシ研ぐと逆にダメにしてしまうからです。

「正しい切り方」というのは、すごい勢いでキャベツの千切りができるとか、大根のかつらむきが上手だとか、そういう技術のことではありません。ここでいう「正しい切り方」とは、食材の細胞をつぶさない切り方のこと。

曲がった刃を食材に切り込んで動かすと、刃と食材の間にムダな摩擦が生まれます。つまり、野菜も肉も、切り口の細胞がつぶれてしまうのです。細胞をつぶさない切り方をするために、まず前提となるのが「刃がまっすぐな包丁」を使うこと。そのうえで、正しい切り方を実践しましょう。キュウリやニンジンでちょっと練習してみてください。

100円の包丁でトマトをスパッと切るために必要なのは、正しいフォーム、そして正しい包丁の持ち方、構え方、動かし方。料理は一種の科学ですが、切りものはスポーツです！ スポーツを身につけるのに一番大事なのは基本姿勢。正しいフォームで切れば、ムダな力を使わず、刃物を通じて体の動きを効率よく食材に伝えることができます。

テニスのサービスを考えてみてください。足腰を安定させ、ヒザをやわらかく動かし、肩からヒジ、手、そしてラケットと、全身の動きが連動しなければ強いサービスは打てません。ムチャクチャなフォームで力まかせに打っても、けっしてスピードのあるサービスは打てないし、どこへ飛んでいくかわかったものではありません。

正しいフォームを身につけた小学生のサービスは、フォームを知らない大人のサービスよりずっと速いでしょう？ 切りものも同じこと。正しいフォームさえ知っていれば、女性だっていつもの包丁でラクにカボチャが切れるんです。

切り方のルール

❶ まな板の高さを調節する

身長とまな板の高さが合っているかどうか確認しましょう。まな板の前に立ち、両手を伸ばしたとき、ヒジがやや曲がって自然に両手がまな板につく状態になるのが最適。ヒジが伸びきってしまう場合は台が低すぎ、ヒジが折り曲がるようだと台が高すぎ。足元に踏み台を置いたり、逆にまな板を２枚重ねたりして調節しましょう。それだけで切り物がラクになりますよ

❷ 包丁を正しく持つ

❶親指と人差し指で柄の同じ場所を両側から軽く持つ

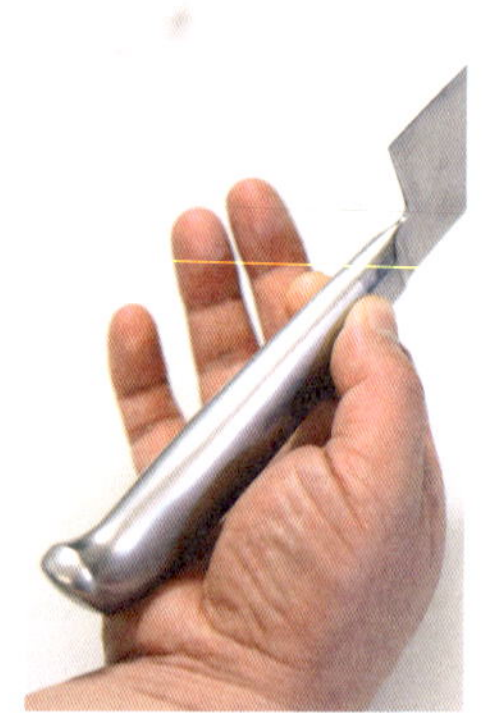

❷中指をかける

❸薬指と小指は使わない（３本の指だけで持つ）

３本指で持つとムダな力が入らなくなります。包丁を「点」で持つようにすると腕のふりがまっすぐに刃から食材に伝わるので、包丁の重さを利用して食材が切れます

3 正しく構える

包丁を持っている側（右利きの人は右側）に体を 45 度開いて立ち、反対側の体は台につける。両肩を水平に保ち力を抜く。手首はやわらかく曲げ、ワキをしっかり締めて背筋を伸ばす。包丁の峰、手首、腕、ヒジがほぼまっすぐになるようにする

4 正しく切る

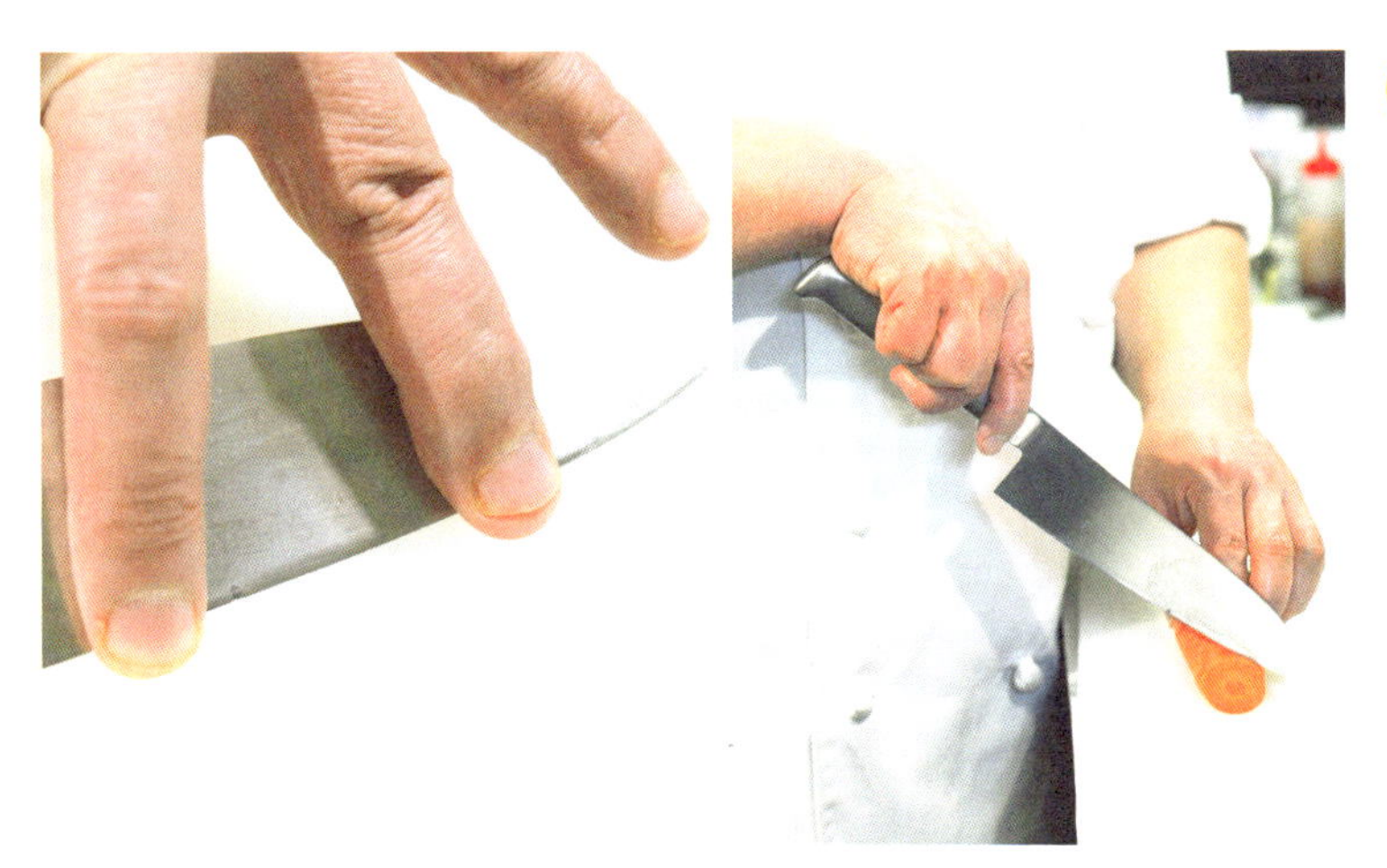

３本の指だけで持ち、ムダな力を抜いて腕から動かし、刃を斜め前方に突き出すようにして切ります。戻すときは切る意識を持たず、切り口をなぞって手前に戻すだけ。まず、まな板に対して刃を約 30 度で切り込みます。斜め下前方に差し込む感じです。ワキは締めたまま、肩を支点にしてヒジから包丁の柄までをまっすぐにしたまま押し出す気持ちで。使うのは、刃先から指２本分の位置から刃の中央までの間５cm ほど。ここが包丁の「スイートスポット」で、一番よく切れる部分です

recipe 12

鯛のカルパッチョ

切り方次第でワンランクアップ！

材料

鯛…70g／**塩**…魚の重さの1％／**コショウ**…適量

トマトソース

タマネギ…20g／**しょうが**…1g／**トマト**…60g／**赤ワインビネガー**…2g／**オリーブオイル**…5g／**塩**…いためたタマネギ＋しょうが＋トマト＋ビネガー＋オイルの重さの1％

ドレッシング

グレープフルーツ…果肉60〜70g／**塩**…グレープフルーツの0.8％／**すだちしぼり汁**…3g／**ハチミツ**…2g／**オリーブオイル**…5g／**塩**…すだち＋ハチミツ＋オイルの重さの1％／**すだちの皮**…1個分

つくり方

1. 鯛は2〜3㎜のそぎ切りに
2. 調理台にラップを広げ、皮目を下にした魚を円になるように敷きつめる
3. 魚の上にラップをかけて、ラップの上から軽く肉たたきなどで叩いて厚みをそろえる
4. 一度ラップをどけて表面に塩コショウをしたら薄くバージンオイルをぬる
5. 再度ラップをかけて冷蔵庫で30分置く
6. タマネギ、しょうがはみじん切り。トマトは1㎝以下の角切りにする
7. 小鍋にタマネギ、しょうが、サラダオイルを入れてあえ、弱火にかけて5分いためる
8. トマトを加えて5分ほど煮つめる
9. ビネガー、オリーブオイルを加え、全体の重さの1％の塩とコショウをふったらミキサーにかける
10. グレープフルーツをくし形に切り、2〜3㎜の厚さの小口切りにして塩であえる

⑪小さいボウルにすだちのしぼり汁、ハチミツ、オリーブオイル、塩をふって泡だて器で混ぜ、トロリと乳化させる

⑫❿と⓫の3分の2をあえる

⑬トマトソースをしき、冷蔵庫から出した魚をのせたらグレープフルーツをのせて、残りのドレッシングをかける

⑭すだちの皮をちらしたら、コショウをふって完成

鯛を引き切りするときは、「ヒジをまっすぐ自分のほうに引く」つもりで。ワキはしっかり締めたまま。一回で切れなかったら、刃の往復で切ろうとせず、数回に分けて引くときだけ切ってください。

recipe

13

トマトサラダ

正しく切れば種も角切りになる

材料

トマト…150g／タマネギ…30g／パセリ…3g／オリーブオイル／塩…野菜の重さの0.8％／コショウ…好みで

つくり方

1. トマトを切る
2. タマネギをみじん切りにする
3. パセリをみじん切りにする
4. ボウルにタマネギとパセリを入れ、塩を加えて軽く混ぜたらオリーブオイルを入れ、混ぜ合わせる
5. きれいに盛ったトマトに4をのせ、好みでコショウをふる

タマネギの切り方

半分に切って皮をむいたら、繊維に沿ってていねいに薄く切ります。そのときもトマトと同じように、繊維をつぶさないよう、正しい持ち方、正しい角度で！　横向きにして端からみじん切りにしていきます。けっして上から包丁の刃で垂直にたたかず、包丁の柄は軽く持ち、包丁の刃のわずかな曲線を利用して「スイング」させるように動かしてください。前方にスイングしたときに切り、自然に手前に戻す感じで。繊維をつぶさなければ辛味も出ず、涙も出ません。

パセリの切り方

これも基本はタマネギのみじん切りと同じです。まずパセリを軽く指でまとめて端からみじん切りにしますが、この場合も押しつぶさないように、正しい刃の角度を保ってください。切れたら、平らに広げてさらに細かくみじん切りにします。くれぐれもたたかないように！　タマネギと同じ要領で、包丁を軽く持ち、刃をスイングさせながらていねいに切りましょう。汁が出て包丁が緑色に染まってしまうこともありません。

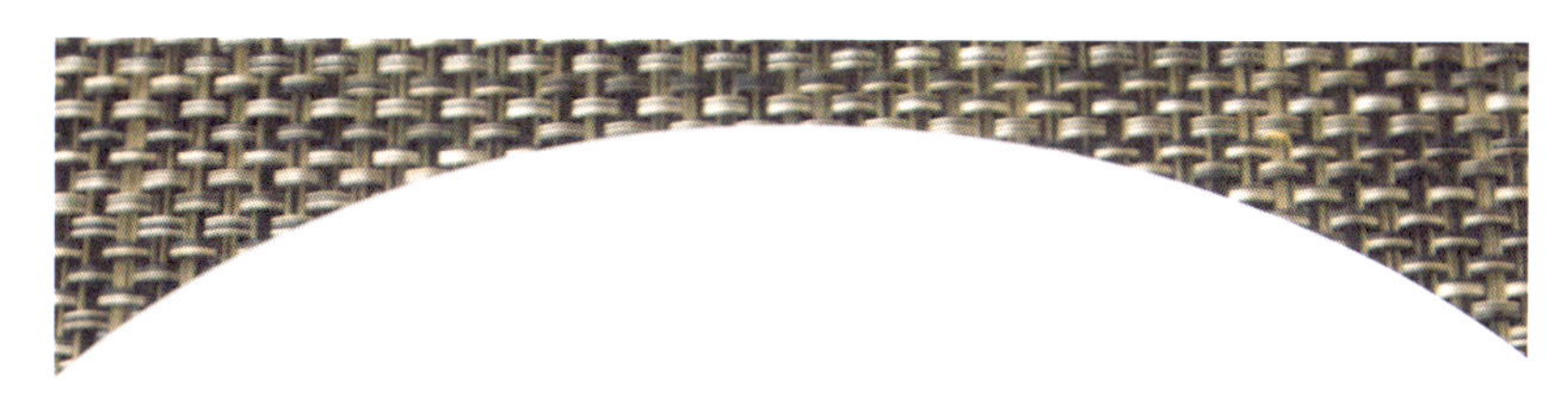

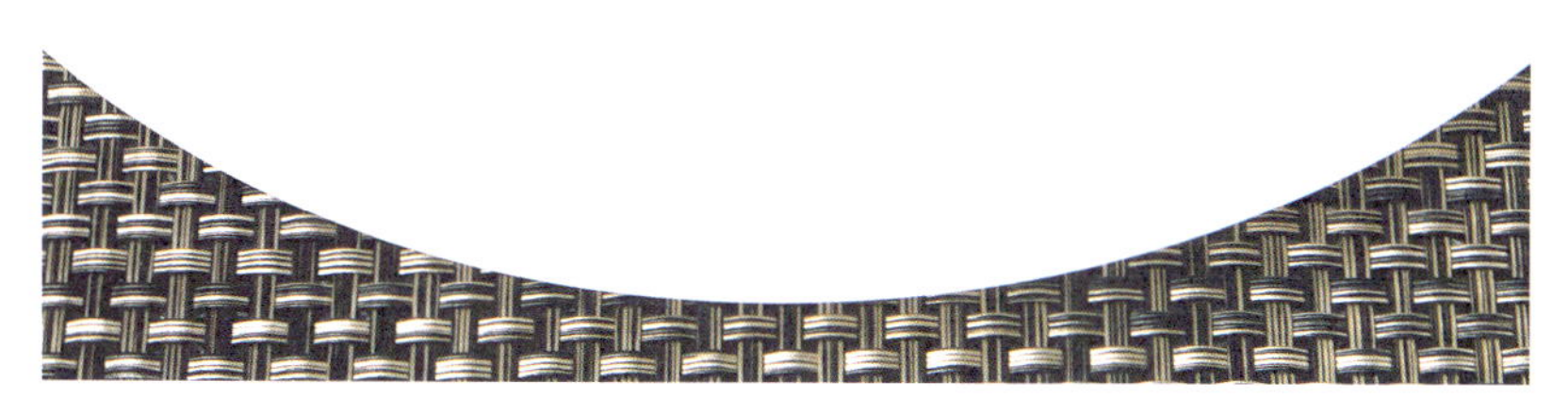

刃を前に押し出すときだけ素材を切り、切り口をなぞるようにして戻ってくるようにすると、素材の繊維や細胞を押しつぶしません。同じ素材でも見違えるほどおいしく食べられますよ。

フライドポテトは火加減で変わる

次は、つけ合わせやおやつにも喜ばれるフライドポテトに挑戦してみましょう。

外はカラリとして中はホクホク、というのがフライドポテトの醍醐味ですが、なかなか思い通りにいかない人も多いようです。「中に火が通るころに外が焦げてしまった」「外がベタベタ」「中がスカスカ」など、症状はいろいろ。結局のところ火加減がうまくいっていないため、思い通りの食感が出せていないようです。

ある生徒さんは、ご家族みんなが大好きなフライドポテトをおいしくつくろうと、あれこれ本やネットで調べたそうです。二度揚げする方法、小麦粉や片栗粉ではなく米粉をはたく方法、素揚げする方法……。いろいろやってみたものの、どうしてもうまくいかない、と嘆いていました。二度揚げでも米粉でもちゃんとできるはずなのですが、やはり油の温度管理がうまくいっていないのが原因だと思われます。フライドポテトのつくり方はときどきリクエストがあるので、失敗しない方法をご紹介しましょう。

準備するものといっても、ジャガイモ、片栗粉、油、塩、最後にふるパセリだけですから、特別なものはまったく使いません。まずはジャガイモを切りましょう。洗ったジャガイモを好きな太さに切ってください。ジャガイモのホクホク感もほしいので、あまり細くしすぎないほうがいいでしょう。細すぎるとカリカリにはなっても、ジャガイモの味がさっぱりわからなくなってしまいます。

ジャガイモは皮つきのままでＯＫ。好みですが、皮つきのほうが揚げたときに外側のしっかりした食感を楽しめます。58ページでご紹介した「正しい包丁の使い方」をぜひ意識して実践してください。包丁をジャガイモの上から垂直に押しつけて切るのではなく、３本の指だけで軽く持った包丁を斜め下前方に切り込んでいくような切り方です。これならジャガイモの切り口の細胞をつぶさずに切ることができます。

スパッと切ることで、ぬるぬるしたジャガイモのでんぷん質が表面に出てきにくくなり、カラッと揚げることにつながります。切ったジャガイモは、しばらく水にさらしてください。いくら上手に切っても多少はぬめりが出るので、これをとりのぞきます。でんぷんが残ったままだと、表面がベチャッとしやすくなるので注意してください。

ザルにあげて水を切り、さらにキッチンペーパーでしっかりていねいに水分を吸いとります。ここも大事。水気が残っていると、粉をつけるときまだらのお化粧みたいになってしまいます。均一に粉をつけるには、ていねいに水気をとってください。片栗粉をまんべんなく薄くつけ、余分な粉はきちんとはらい落としたら、あとは揚げるだけです。

冷たい油から揚げていき、竹串などを刺してスーッと入るようになったら、火を強めて一気に油の温度を上げていきましょう。最後に高温にしないと油が切れず、必ず表面がベタベタになってしまいます。最後に高温にしてカラリと揚げること、という基本をおぼえておけば、あとは様子を見て味見をしながらつくればきっと上手にできます。

recipe
14

フライドポテト

外はカラッと、中はホクホク

材料

ジャガイモ…100g（約1個）／**パセリのミジン切り**…3g／**塩**…ジャガイモの0.6〜0.8％（100gなら0.6〜0.8g）／**コショウ**…好みで／**片栗粉**…大さじ1

つくり方

❶ジャガイモを皮ごと細めのくし形に切る
❷切ったジャガイモを水にさらして5分ほど置き、ザルに上げてからキッチンペーパーで水気をしっかりふきとる
❸ジャガイモに片栗粉を全体に薄くまぶし、余分な粉をじゅうぶんはたいておく
❹冷たいフライパンに❸を並べ、ジャガイモがほぼかくれるまでサラダオイルを注ぐ
❺弱い中火にかけて、ゆっくり温度を上げていく
❻ジャガイモに竹串がスーッと通るようになるまで待つ
❼火が通ったら、中火〜強めの中火にして一気に油温を上げていく
❽色よく揚がったら、油を切ってキッチンペーパーに置く
❾塩をふって全体にまぶし、好みでコショウをふる
❿皿に盛り、パセリのミジン切りをかけて完成

ジャガイモは皮つきのままでも、皮をむいてもかまいません。細さも好みで。ホクホクを楽しみたければ少し太め、カリカリ感がほしい人は表面積が多くなるよう細切りにしたほうがいいでしょう。

Part 3

肉と魚をおいしくいただく

recipe 15 ローストビーフ

recipe 16 ミディアムレアステーキ

recipe 17 サーロインステーキ

recipe 18 鶏ムネ肉のムニエル

recipe 19 ヒラメのムニエル

recipe 20 骨つき鶏モモ肉のコンフィ

recipe 21 ブイヤベース

recipe 22 アクアパッツァ

肉もゆっくり加熱してあげる

肉料理では、「フライパンをよく熱してから油をひいて、肉を入れる」ということがお決まりの手順のように思われてきましたが、これが失敗の原因になっていることもよくあります。フライパンを熱するのが悪いわけではなく、急激に熱することがいけないのです。熱くなったフライパンに肉を入れたら、あっという間に肉の表面は焦げはじめ、皮は縮んで丸まるし、薄い肉は波打って反り返ります。これは肉も魚も同じ。

動物の肉（タンパク質）に急速に熱を加えると、細胞が急激に収縮します。細胞が収縮することで水分は居場所を失い、外に出ていってしまうのです。アクやくさみが残ったまま表面だけに焼き色がついて、中は生焼けになります。

では、どうすれば身が縮まず、水分を保ったまま、中はふっくら外はこんがり焼けるのか。答えはたったひとつ。「ゆっくり加熱すること」です。フライパンの表面温度を同じ１５０℃にするにしても、強火で１分かけて室温から１５０℃にするか、弱火で10分かけて１５０℃にするかによって、焼き上がりはまったく異なります。つまり、50℃前後のところをできるだけゆっくり通過させることが重要です。ゆっくり加熱すると、アクやくさみもこの温度前後で抜けていきます。

そしてもうひとつ、おいしいうま味と風味をつくり出す「メイラード反応」が肉料理をおいしくする秘訣です。キツネ色になると出てくる香ばしい香りとうま味がメイラード反応の「効果」。簡単にいうと、茶色の焼き色（焦げ）によるおいしさのことです。

この反応は温度と時間で制御できます。つまり高温で加熱するとすぐ焦げて、低温でじっくり加熱すると焦げるまでには時間がかかる、ということ。高温のフライパンだとすぐ焦げ茶色の焼き目がつきますが、中まで火は通りません。ゆっくり加熱してじっくり中まで火を通しながらメイラード反応を進行させ、適度に焦げ目がついたところで火を止める。そうすれば、ちゃんとうま味が生成されているというわけです。

「低温調理」は失敗しない、おいしいといわれますが、むしろ大事なのは「低速調理」です。低温調理は、タンパク質が分解されはじめる70℃を最高として、それ以下で調理する方法。しかし、いくら70℃以下で調理しても、室温から70℃までを駆け足で通りすぎてしまうと、肉の中がなんだか冷たかったり、くさみが残ったりすることになります。「低温」より「低速」を心がけてください。

弱火でじっくり加熱を続けると、肉はこうなる

20℃前後	室温
40℃前後	常温（動物の生体温度＝体温）を超えると色が変わり、少しずつ縮みはじめる
50℃前後	筋繊維が収縮してかたくなり、細胞外の水分とともにアクが外に出てくる
70℃前後	肉のタンパク質が分解されてアミノ酸（うま味）に変わる
80℃前後	コラーゲンがゼラチンに変成、さらにやわらかくなる
180℃前後	香ばしい焼き色がつく

recipe 15

ローストビーフ

安価な肉でもしっとりおいしい

材料

牛肉…300g〜1kg（モモ、バラ、肩ロースなど）／**塩**…肉の重さ×85％×0・8％／**コショウ**…好みで／**サラダオイル**…適量

ソース

バルサミコ…20g／**しょうゆ**…10g／**砂糖**…10g／**コショウ**…（好みで）／**ホースラディッシュ**…10g（なければワサビなどでもOK）／**保温時に出る肉汁**

つくり方

❶オーブンを120℃に予熱する。バットに破れにくい素材のキッチンペーパーを用意し、サラダオイルをたっぷり注ぐ

❷油を含ませたキッチンペーパーを2〜3重にして、牛肉全体をしっかり包む。バットなどに小型の網をのせ、その上に肉をのせる

❸オーブンの天板にバットごと肉を入れる。房のブドウなどもいっしょに焼くとつけ合わせになる

❹120℃をキープ。ドアの開け閉めで温度が下がったら設定温度を10℃ほど上げる。74ページ下の焼き時間を目安に、途中で一度肉の上下を反転して焼き上げる。とり出してはかったとき、最初の重さの93％前後になっていればOK

❺キッチンペーパーをはずして肉の表面全体に分量の半分の塩をふる。用意する塩は焼く前の肉の重さ×85％×0・8％。600gの肉の場合は、全部で4gの塩を用意するが、ここで約2gを使う（残りの塩は切り分けたとき、切り口に適宜ふる）

❻フライパンを中火で熱し、薄く煙が上がってきたら❺の肉を入れて周囲全体をさっと焼く。20〜40秒ほどで全体にこんがり焼き色がつけばOK

❼焼き色がついた肉をアルミホイルで包み、そのま

ご家庭のオーブンの実際の温度は、設定温度の通りとはかぎりません。できればオーブンメーターを用意して、庫内で実測しながら焼いてください。

ま置いて保温。10～15分ほどで肉から少し肉汁が出て重さは85％前後になるのがベスト。保温中、アルミホイルに出た肉汁はとっておく

❽保温がすんだ肉を厚めに切り分け、切り口に残りの塩をふる。保温時に出た肉汁を使ってソースをつくり、それをかけていただく

ソースのつくり方

小鍋にバルサミコを入れ、中火にかけてねっとりする程度にまで煮つめる。しょうゆ、砂糖、コショウ、すりおろしたホースラディッシュを加える。保温時に出た肉汁を加えてよく混ぜれば完成

塩コショウだけでも三つ星級

ビーフステーキの焼き方はレアからウェルダンまでさまざまですが、ここではもっとも一般的で、牛肉のうま味が楽しめるミディアムレアの焼き方を紹介しましょう。ミディアムレアは肉の外側は香ばしく、中心部まで熱は通っていながらきれいなピンク色を保った状態です。「外がこんがり、中は冷たい」「外も中も生焼け」では台無しです。

「ローストビーフ」と「ミディアムレアビーフステーキ」のつくり方は似ています。

ご自宅にオーブンがある場合は、下の「ローストの法則」で上手に焼けます。

ブロック肉ではなくステーキ用の厚みにカットしてある肉でも、オーブンを利用する場合は、下のローストの法則を目安に焼いてください。200gの肉を3枚同時に焼く場合でも、焼き時間は200gの焼き時間でOKです。

ただ、オーブンを使わずに焼く場合は、これからご紹介する「湯せん方式」がぜったいのオススメ。ぜひ試してみてください。

肉の重さと焼き時間の目安

重さ	焼き時間
200g	20分焼いて反転、さらに15分
400g	30分焼いて反転、さらに25分
600g	40分焼いて反転、さらに35分
1000g	60分焼いて反転、さらに55分

今回は手軽につくれるソースもご紹介しますが、塩コショウだけでもおいしくいただけます。

この湯せん方式とは、市販されている密閉できるポリ袋を使って肉を湯せんでゆっくり中まで加熱し、そのあとから周囲に焼き色をつける方法です。外が焦げているのに中が生焼けという失敗もなく、肉もほとんど縮まず、肉汁も失われません。お買い得な肉でも三つ星級の仕上がりになりますよ！

ビーフステーキは塩コショウだけでもおいしくいただけますが、今回はとても簡単でリッチな味わいが楽しめるポルトソースをつくります。ポートワインがなければ赤ワインにメープルシロップやハチミツを加えたものでもかまいません。

recipe

16

ミディアムレアステーキ

肉好きなら一度はやってみたい

材料

牛肉（フィレ肉）…100～200g／塩…肉の重さの0.8％／コショウ／サラダオイル

ソース

ポートワイン…40g／生クリーム…10g／粒マスタード…10g／無塩バター…10g／塩…0.6g

つくり方

❶ジッパーつきの密閉ポリ袋に肉を入れ、口を1～2㎝だけ開けておく

❷水を張ったボウルに、❶のポリ袋を沈める。開いた部分は水面に出し、水が袋の中に入らないように気をつけて、水圧で空気を押し出す。空気が抜けたら袋の口をしっかり閉じる

❸鍋の底にキッチンペーパーを3～4重に敷き、水を注ぐ。肉が浮き上がらないよう、小さめの鍋のフタなどで軽めの重しをして弱火にかける

❹弱火で加熱して55℃まで湯温を上げていく。55℃になったらすぐ火を止め、袋に入った肉を上下反転させる

❺鍋にフタをして火を止めたまま10分置いておく

❻肉をとり出して周囲の水分をキッチンペーパーでふきとり、重さをはかり、その0.8％の塩を用意する

❼用意した塩の3分の1を肉の表に、3分の1を裏にまんべんなくふり、残った3分の1はとっておく

❽フライパンを中火にかけてサラダオイル少々を入れる。フライパンから薄く煙がたってきてから肉を入れる。20～30秒ほどで香ばしく焼き色がついてきたらひっくり返して、10秒ほど裏側も焼く

❾表にだけコショウをふり、アルミホイルで包んで肉を5分間休ませる

⑩厚めのそぎ切りにして、断面にとっておいた塩をふって皿に盛りつける

ソース

❶ポートワインを小鍋に入れて半量まで煮つめる

❷生クリームと塩を加え、ひと煮立ちしたらバターを加えて小さい泡だて器を左右に動かし乳化させる。マスタードを加えて完成

つけ合わせにはホウレンソウのバターソテー、マンゴーソテーを添えました。マンゴー以外なら、イチジクやモモ、カキ、ブドウも肉によく合います。

recipe

17

サーロインステーキ

グリル板を使って強火で調理

材料

サーロインステーキ用牛肉…200g／**塩**…2g（肉の重量の1％）／**コショウ**…ペッパーミル6回転程度／**サラダオイル**…5g

ソース

メープルシロップ…10g／**レモン汁**…3g

つくり方

1. グリル板は肉を焼く20分前から中火でじゅうぶんに熱しておく
2. 肉は表面を包丁の背でたたく。両面に塩をふり、肉全体に油を薄くぬる
3. グリル板に肉をのせたら強火にして、ときどき焼き色を見ながら焼く
4. 焼き色がついたら、肉を90度ほど回転して置きなおす
5. 格子状の焼き目がついたら裏返して1分ほど焼く
6. バットにとり出し、表面にコショウをしてホイルで包み5分間休ませる。皿に肉を盛り、メープルシロップとレモン汁を合わせたソースをかけて完成

サーロインステーキの場合、脂が多いので強火でしっかり焼いたほうがさっぱりしておいしくなります。厚手で表面が波型のグリル板は、格子状の焼き目をつけることができるのでオススメ。

本当のムニエルを知っていますか？

ムニエルってどんな料理だと思いますか？　「サケなんかに塩コショウをして、粉をはたいて、バターをひとかけ溶かしたフライパンでこんがり焼いたら、レモンを添えて完成」というイメージではないでしょうか。でも、それだとムニエルではなく、バター焼きですね。あるいは、ソテーのバターソースがけ。もちろんこれもおいしいのですが、せっかくだからうんとおいしい、正統派のムニエルをお教えしましょう。

本当のムニエルというのは、「大量のバターの中でゆっくり加熱して、ふっくらと火を通す」という調理法です。小麦粉は使っても使わなくてもかまいません。とにかくバターが命！　加熱に使ったバターは、風味豊かな「焦がしバター」として、残らずソースにしてしまいます。このソースにバゲットをつけて食べれば、ひょっとしてムニエルにしたメインの肉や魚よりおいしいんじゃないか、という絶品の味わい。

ただし、当然ながら高カロリーなので、ダイエット中の方は食べすぎないように注意。ヘルシーレシピとして、バターとオリーブオイルを半々で使う方法もありますが、オリーブオイルのカロリーは同量のバター以上。まずはバターだけでつくってみてください。

ムニエルの最大の特徴は、普通に焼いたり煮たりするとかたくなりやすい素材から、素材本来の味を引き出してふんわり、ふっくら仕上げてくれるという点。

低温の油でゆっくり加熱する「コンフィ」という調理法がありますが、ムニエルは「ソテー」

と「コンフィ」の中間くらいの方法で、ややソテーに近いと考えてください。コンフィの油温は85℃前後、ムニエルのバターは140〜150℃ですから、ソテーに近いという意味です。ムニエルは140〜150℃で調理し、バターそのものが「しっかり生きている」状態で仕上げていきます。バターの力を引き出す料理法だといえます。

鶏のムネ肉もムニエルでふっくらジューシーになります。じっくり時間をかけて加熱するので肉が縮まず、水分が抜けないのでふっくら仕上がります。

豚肉やレバーなどでも、つくり方はまったく同じですから好きな素材で試してみてください。今回はブドウ（デラウェア）のソースにしました。肉には果物のソースがよく合います。イチジク、マンゴー、モモ、パイナップル、いずれもおいしくできます。

バターが高温になって焦げてしまわないように注意し、泡が消えないようにバターを追加しながら、大量のバターの中で肉を躍らせてあげましょう。バターは無塩のものを使いましたが、有塩しかない場合は、肉にふる塩を0・7％にしてください。

バターをすくって上から落とすのは、温度が上がりすぎないようにするため

recipe

18 鶏ムネ肉のムニエル

かたくなりやすい素材もふわふわ仕上げ

材料（1人分）

鶏ムネ肉…100～120g／**塩**…肉の重さの0・8%／**コショウ**…好みで／**薄力粉**…少々／**無塩バター**…30～40g

ソース

ケッパー…5g／**ミニトマト**…40g（約3個）／**ブドウ（デラウェア）**…30粒／**パセリ**…1g／**赤ワインビネガー**…5g／**レモン汁**…1g／**塩**…0・2g／**レモン**…1／16個

つくり方

1. 皮をとりのぞいた鶏ムネ肉に、塩と好みでコショウをふり、小麦粉を薄くまんべんなくつける。余分な粉ははたき落としておく
2. フライパンに3分の1のバターを入れ、弱めの中火で加熱し、溶けるのを待つ

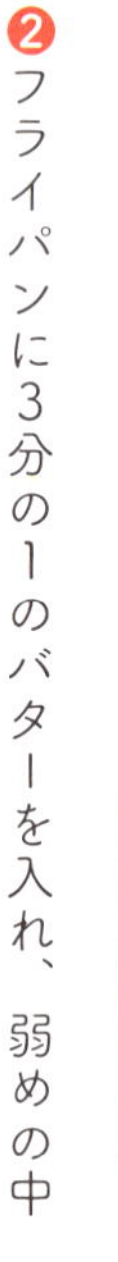

3. 泡が出てきたら肉を入れ、さらに3分の1のバターを加える
4. 泡が小さくなりはじめたら、フライパンを少し手前に傾け、大きめのスプーンでバターをすくっては、10cmほど上から落とす
5. 肉が常に泡で包まれている状態を保つ。泡が消えかけたら残りのバターを追加。1cm厚の肉なら5～6分で完成。最後の10秒だけ中火に
6. 肉をとり出したら、ビネガー、レモン汁、塩、皮をむいたデラウェア、トマト、ケッパー、パセリを加えて混ぜる。肉にソースをかけて完成

ムニエルは焼くより低温の150℃前後でじっくり時間をかけて加熱する調理法なので、肉が縮まずふっくら仕上がります。

recipe 19

ヒラメのムニエル

驚くほど大量のバターを使う正統派

材料

白身魚の切り身(ヒラメ、タラ、鯛、スズキなど)…100～120g／**ミニトマト**…4個／**そら豆**…8粒／**ケッパー**…7g／**パセリ**…2g／**バジル**…2g／**無塩バター**…30g(予備のバター10～20g)／**薄力粉**…10g／**塩**…魚の重さの0・8%(100gの魚なら0・8g)／**コショウ**…(好みで)／**レモン汁**…10g／**レモン**…8分の1

つくり方

❶魚の皮はとりのぞき、ミニトマトは2分の1、パセリ、バジルはミジン切りにする。レモンは8分の1のくし形に切る。残りのレモンをしぼって10gのレモン汁をつくっておく。そら豆はさやから出しておく

❷湯をわかしてそら豆を1分ゆで、冷水にとって皮をむく

❸魚の全面に塩をふったら、薄力粉をごく薄くつけてよくはたいておく

❹フライパンにバターを入れて弱い中火にかける

❺バターが溶け、泡がところどころ大きくなって軽くピチピチはじけるようになったら魚を入れる

❻少し温度が下がるのでそのまま待っていると、再び泡がフツフツと出てくる

❼フライパンの周囲に細かい泡が増えていき、さらに全体が泡に包まれる。同時に、フライパンの周囲の泡が少しだけうす茶色に色づいてくる

❽この状態になったら、オタマや大きめのスプーンなどでバターをすくい、少し高いところからフライパンに落とす。温度が上がりすぎるのを避けるためなので、魚にはかけない

❾これを繰り返し、ムース状の泡を保つ。泡が消えそうになったらバターを10gくらいずつ追加投入する

この方法でつくるとソースはサラッとしていて、風味豊かになります。つまり、「こってりしたムニエル」というのは失敗作です。

⑩魚の周囲が白っぽくなり、厚みの8割くらいまで色が変わったら反転する

⑪反転後30秒〜1分で火が通る。このとき、フライパンのバターの泡全体が軽く色づいている状態であればOK

⑫そら豆とトマトを加える。泡がおさまってサラリとしたらOK

⑬魚だけを取り出してキッチンペーパーの上に置く

⑭フライパンの火を中火にして、バターが薄い茶色（ハシバミ色）に色づいたら火を止める。レモン汁、塩、パセリ、バジル、ケッパーを加えて混ぜる

⑮魚を皿に盛り、ソースをかけ好みでコショウをふったら完成

骨つき鶏モモ肉のコンフィ

家庭でも手軽につくれるフレンチの定番

材料（2人分）

鶏モモ骨つき肉…2本／**塩**…肉の重量の1・3％／**砂糖**…肉の重量の0・5％／**コショウ**…ペッパーミル6回転程度／**乾燥ハーブ（エルブドプロヴァンス、イタリアンハーブミックスなど）**…4g分／**ニンニク**…2かけ／**サラダオイル**…（鶏肉がつかる程度の量）

つくり方

❶肉の重さをはかり、その1・3％の塩と砂糖を全体にふり、モモ肉の内側にはコショウと乾燥ミックスハーブをまぶす

❷つぶしたニンニクと肉を、密閉できるビニール袋に入れて空気を抜く

❸鍋に水を入れて、袋がしっかりひたる状態にして中火にかける。50℃になったら火を止めてフタをし、20分ほど置く

❹袋をとり出し、袋ごと肉を軽くもんで、味をなじませてから3分ほど置いておく

❺肉をとり出し、骨のない側を下にして鍋に入れ、さらにニンニクを入れる

❻フライパンに鶏がかくれるくらいの量のサラダオイルを注ぐ

❼ここで火をつける。中火にして7～10分ほどかけて85℃までゆっくり温度を上げる

❽オーブンの天板の上にタオルを4重にしいて、100～110℃に予熱する

❾❼の鍋にフタをして、鍋ごとオーブンで2時間～2時間30分加熱する（串がスッと通るまで）

❿30分経過した時点で油の温度をはかり、85～92℃の範囲内になるように調節する

⓫鍋の油をフライパンに入れ、とり出した肉を中火で皮目から香ばしく焼いたら完成

レシピの⑩で油の温度が85℃以下のときは、オーブンの温度を10℃上げます。92℃以上になっているときは、鍋を丸ごと別のタオルで包むか、温度を10℃下げてください。この温度ならタオルが燃えることはありません。

煮くずれしない魚料理のヒミツ

料理教室の生徒さんから、「どうしてもうまくいかない」「きれいにできあがらない」とよくいわれるのが「煮魚系」です。和食でいうならカレイの煮つけ、フレンチならブイヤベースでしょうか。どちらも、煮ているうちに身がくずれてしまうようです。

ブイヤベースはまさに魚の煮込み。材料は地方によっていろいろ違いがあります。トマトといっしょに煮込んだり、サフランで色と香りをつけたりする場合もあれば、入れない地方もあります。メインの魚はメバルやイサキ、カマスなどもおいしいです。丸のままでも、切り身でもどちらでもOK。

今回のレシピではホタテ、イカ、ハマグリ、エビを入れましたが、こんなに種類が多くなくても、メインの魚に、イカとエビぐらいでもじゅうぶんです。トマト、タマネギ、長ネギ、マッシュルーム、ジャガイモ、ニンニクなどの野菜を煮て、それをこしたスープをつくり、その中で魚介類を煮込むわけです。

鍋料理のようにスープと具材の魚介をいっしょに食べるのではなく、まずはスープを楽しみ、そのあとで魚介類を食べるのが「本格派」です。野菜と魚介の合わせダシのスープはパンといっしょにいただくと絶品。魚介類は歯ごたえも楽しめますから、その両方を最大限に生かす調理法がベストです。魚介類は煮込む前に、弱火でしっかり火を通し、そのまま食べてもおいしい状態にしてからスープと合わせましょう。あらかじめ弱火でしっかり野菜、魚介類を加熱してから「合わせて煮る」という手順が素材のおいしさを120%引き出し、しかもそれぞれの素材の水分やうま味を逃がさない最大のコツです。

もうひとつの魚料理、アクアパッツァもオススメです。ブイヤベースとちょっと似ていますが、アクアパッツァは「煮魚」というより、むしろ「蒸し魚」。

ブイヤベースは具の魚介を最初に楽しみ、その後からスープを楽しむというものですが、アクアパッツァは焼いた魚介類に水を加えて強火で加熱し、その水蒸気で一気に蒸し上げます。だから、できあがりのお皿にスープがたくさん残るということはありません。

共通項は「魚を上手に焼いておくこと」。そうしないと、ブイヤベース同様、煮くずれしたりかたくなったりします。

アクアパッツァに使う魚は、メバル、キンキ、イサキ、スズキなどお好みで。アクアパッツァとは、水がパチパチはねるようにして仕上げるという意味をもっています。大いに水をはねさせて、さっと蒸し上げましょう。

recipe 21

ブイヤベース

たっぷり魚介と野菜のスープを同時に楽しめる

材料（2〜3人分）

野菜スープ

タマネギ…50g／**長ネギ**…50g／**マッシュルーム**…30g／**ジャガイモ**…50g／**トマト**…140g／**ニンニク**…10g／**日本酒**…200g／**パスティス（なければ少量のフェンネルか八角）**…10g／**水**…350cc／**塩**…3・8g（煮上がったスープの重さの0・8％）／**タイム、ディル**…各2枝／**サフラン**…0・08g（ごく少量）／**鷹の爪**…1本

具材

有頭エビ…25〜30g（4尾）／**ハマグリ**…中4個／**ホタテ貝柱**…50〜60g／**塩**…ハマグリ以外の具材の、それぞれの重量の0・8％／**魚（メバルなど）**…240g／**イカ**…80g

準備

❶タマネギ、長ネギ、マッシュルーム、ニンニクは3㎜のスライス、ジャガイモは5㎜のいちょう切り、トマトはヘタだけをとって2㎝の角切りにしておく

❷ハマグリはカラをよく洗う

❸イカは胴、頭を分けて、内臓をとり出して軟骨はとりのぞく。胴は2㎝の輪切りに

❹エビの胴体の部分だけカラをむき、背わたをとる

❺エビの頭は弱い中火で中までしっかり焼いておく。生焼けだとくさみが出てしまうので注意

❻魚は10㎝程度に切る。骨つきのものは骨ごと筒切りに

つくり方

❶冷たい鍋にオリーブオイルをひいて、ジャガイモ、タマネギ、長ネギ、マッシュルーム、ニンニク、鷹の爪を入れ、油を全体にからめてから火をつけ、

弱火で7～8分いためる

❷ ❶に日本酒を加えてアルコールを飛ばしながら半量まで煮つめる

❸ パスティス、水、トマト、タイム、ディルを加えて弱火で20分煮る

❹ ❸からタイムとディルの枝をとりのぞき、短時間（5～7秒）ミキサーにかけてから、ザルなどで

こす。スープの重さをはかり、その重さの0・8％の塩を加え、最後にサフランを入れる

❺ 魚の表面全体に0・8％の塩をふり、フライパンにオリーブオイルをひいたら皮目を下にして並べ、弱い中火～弱火で全体に火を通したら、バットなどにとり出しておく

❻ イカとエビ、ホタテも重さの0・8％の塩をふる。ホタテについている白い小片だけをフライパンにのせて弱い中火にかけ、フライパンが温まってからホタテを焼きはじめる。つづいてエビ、イカも入れてじっくり焼く。イカは表面が白っぽくなればOK、エビはオレンジが鮮やかになったらOK。すべてバットに上げる

❼ 鍋に入れた❹のスープに焼き上がった魚介類をすべて入れる。あらかじめしっかり焼いておいたエビの頭とハマグリも入れる

❽ アルミホイルで落としぶたをして弱火にかけ、15～20分煮込めば完成

recipe 22

アクアパッツァ

水だけで蒸す魚料理の決定版

材料（1～2人分）

魚…1匹（200～250g）／**塩**…魚の重さの0・8％／**ミニトマト**…50g（約6個）／**塩**…トマトの重さの0・7％／**アサリ**…100g／**水**…50～60cc／**種抜きオリーブ**…15g／**ケッパー**…5g／**パセリ**…2g／**バジルの葉**…数枚／**ピュアオリーブオイル**…20g／**バージンオイル**…10g／**レモン**…好みで

準備

❶丸ごとの魚を使う場合はウロコをひき、エラと内臓をとりのぞいたら中を洗って、しっかり水気をふきとる。0・8％の塩を全体にふっておく

❷魚を焼いている間に、トマトは横半分に切って塩をふり、140℃のオーブンで30分焼く

つくり方

❶フライパンにバージンオリーブオイルを少量ひき、魚をのせて弱めの中火でじっくり焼きはじめる

❷魚の中骨（脊柱の部分）まで魚の身が白くなってきたら裏返して焼く。油が足りなければ追加する

❸魚の裏表ともにしっかり火が通り、香ばしく焼き上がったらそっととり出しておく

❹❸のフライパンの油をふきとり、アサリ、水30cc、ピュアオリーブオイルを加える

❺アルミホイルで落としぶたをして弱火で加熱する

❻アサリのカラがだいたい開いたら、アルミホイルをはずして、❸の魚をそっと入れる。さらにトマトを加えて一気に強火にする

❼水分が蒸発しはじめ油が白くなり煮立ってきたら、残りの水30ccを加える。そのまま魚に煮汁をかけながら30秒ほど加熱（パチパチ水がはじけるように）。みじん切りにしたパセリ、バジル、オリーブ、ケッパーを入れて20秒ほど加熱すればできあがり

アクアパッツァというのは「パチパチはねる水」という意味。魚介類に水を加えて強火で加熱し、その水蒸気で一気に蒸し上げるので、できあがったお皿にスープがたくさん残ることはありません。スープとともにいただくブイヤベースとはまったく違う料理です。

Part

4

ふだんづかいの料理のコツ

ホワイトソースは自家製が一番

「ホワイトソースはダマになりやすい」などの理由で、缶詰や固形ルーなどのお世話になっている人も多いのではないでしょうか。でもホワイトソースは、一度おぼえてしまえばすごく簡単につくれるようになります。しかも、多めにつくっておけば保存容器で小分けして冷凍が可能。ほんとに使い勝手がいいんです。

ホワイトソースのもとになる「ホワイトルー」は小麦とバターと牛乳からつくりますが、小麦についての考え方になんとなく根本的な誤解があるように思います。小麦を「とろみづけ」のために入れていると思っている方も多いでしょうが、とろみをつけるだけなら、コーンスターチでも片栗粉でもゼラチンでも、なんでもいいはず。

本当のホワイトルーというのは、「小麦のうま味」を味わうルーのことなのです。もちろんバターも牛乳も、脂分や水分を加える、風味を与えるという重要な役目を持っていますが、ホワイトルーの主役はなんといっても「小麦」です。

小麦粉とバター、このふたつの「出会い」がすべてのはじまりです。どういう出会い方をするかによって、その後の「ホワイトルーの人生」は変わっていきます。最善の出会いは「70℃」でいっしょになること。

僕の料理教室では同じ分量で、同じようにつくれるはずの方法を教えているつもりなのに、なぜか生徒さんによってできあがりに差が出てしまう。そこで詳しく観察した結果、「最初に小麦粉とバターを合わせるときの温度」が、人によって微妙に違っていたことがわかりました。僕はこれまでの経験から無意識にバターをゆっくり鍋で溶かし、すぐに小麦粉を入れ混ぜていたのですが、バターを泡だつほどの強火で溶かしてしまう人、バターがかなり冷めてから小麦粉を入れる人、と生徒さんによってさまざま。この違いが、その後の仕上がりに影響していたのです。

ホワイトクリームシチュー、ホワイトソースのグラタン、ホワイトソースのクリームコロッケは、いずれも「ホワイトルー」を使ったもので、途中までの工程はまったく同じ。ただ、クリームシチューはとろみはあっても粘りが少ないソース、クリームコロッケは粘度の高いソース、グラタンはその中間ぐらい、という違いがあります。この違いは、たんに牛乳などの量を変えればいいというものではありません。

小麦粉の粘りはグルテンの組成によるものですが、この分子の状態の違いによって、「サラサラ系」か「濃厚系」かの差が出ます。口どけの違いは、牛乳の量の違いではなく、グルテン分子の長さの違いだからです。粘りのあるものに水分を加えて薄めても、本来のおいしさにはなりません。そもそも、クリームシチュー用につくったホワイトソースをいくら煮つめようが、冷やそうが、クリームコロッケをつくることはできません。

まずは、クリームシチューをつくるためのホワイトルーをつくっていきましょう。

recipe

23

ホワイトルー（シチュー用）

小麦のうま味が生きる本格派

材料

薄力粉…20g／無塩バター…20g／塩…4g／コショウ…（好みで）／牛乳…500g／タイム…1枚

つくり方

❶バターを鍋に入れ、弱火にかける。バターを動かさずそのまま加熱

❷周囲から泡が出る前に（70℃くらい）鍋を火からはずして、余熱で溶けきるのを待つ

❸バターが溶けきったら小麦粉を一気に入れて、木べらでダマがなくなり、なめらかになるまで混ぜ、そのまま3～5分置いてなじませる

❹❸を弱火にかけ、木べらでゆっくり混ぜはじめる

❺最初のうちはネバネバベタベタの感触だが、そのまま混ぜながら加熱

❻泡が出てきて少しボソボソ、ザラザラの感触になる

❼フツフツと泡だち、泡が大きくなりかけたらすぐに火からはずし、混ぜ続ける。泡がおさまったら再び弱火にかけて混ぜ続けるのをくり返す

❽ルーがサラサラの液状になるまで続ける。目安は鍋を傾けるとルーがサラサラと鍋底を流れる状態。ミルキーな光沢が出ればOK

❾牛乳を一気に加える。牛乳は冷たいままで大丈夫

❿塩も加えたら、弱火～弱めの中火にして、木べらを泡だて器に持ち替えて鍋底、鍋はだに焦げつかないようにしっかり混ぜる

⑪しっかり鍋底から混ぜながら加熱を続け、沸騰して少し濃度が出てくるまで続ける。適度な濃度が出たらタイムを入れる

⑫混ぜながら弱火で10〜15分ほど加熱を続ける。⑪の鍋をそのまま150℃のオーブンで20分加熱してもよい。途中で一度混ぜる

シチュー、グラタン、クリームコロッケなどに大活躍してくれるホワイトルー。冷凍保存ももちろん可能です。多めにつくって常備しておきましょう。

recipe

24

クリームシチュー

コンソメなどはいっさい不要！

材料

鶏モモ肉…250g（**塩**…鶏モモ肉の重さの0・8％）／**タマネギ**…60g／**ニンジン**…60g／**マッシュルーム**…60g／**スナップエンドウ**…3～4本／**塩**…0・6g／**日本酒**…50g／**ホワイトルー**…98ページでつくったもの全量（470～480g）／**コショウ**（好みで）

つくり方

1. ニンジンを乱切りにし、沸騰したお湯から5分下ゆでする
2. 鍋に1cm厚のタマネギ、❶のニンジン、半割にしたマッシュルームを入れ、サラダオイルを全体にからめ弱火で10分いためる
3. 重さの0・8％の塩をした肉を、冷たいフライパンから弱めの中火で焼く。中まで火が通ったら、日本酒を加えて煮つめる
4. いため上がった❷の鍋に、❸の肉を煮汁ごと入れて合わせる
5. ホワイトルーを加えてざっと混ぜ合わせる。ここに塩0・6gを加える
6. 弱火で加熱し、フツフツとわいてからさらに5分煮て火を止める。ゆでたスナップエンドウを加え、フタをして10分蒸らせば完成

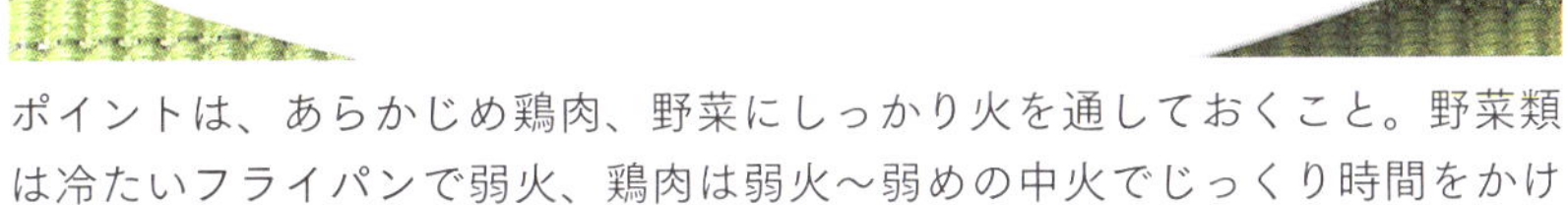

ポイントは、あらかじめ鶏肉、野菜にしっかり火を通しておくこと。野菜類は冷たいフライパンで弱火、鶏肉は弱火～弱めの中火でじっくり時間をかけて焼きましょう。

recipe 25

カニクリームコロッケ（コロッケ用ホワイトルー）

常温の油から揚げれば失敗なし

材料（2人分）

コロッケの具 **タマネギ**…20g／**マッシュルーム**…20g／**カニのほぐし身**…40g／**日本酒**…20g／**塩**…タマネギとマッシュルームを加熱した後の重さの0・8%／**コショウ**…（好みで）／**ディル**…（好みで）

ホワイトルー **薄力粉**…40g／**牛乳**…230g／**塩**…2g／**生クリーム**…10g／**卵黄**…20g

衣 **卵**…1個／**サラダオイル**…5g／**パン粉**…適量／**小麦粉**…適量

つくり方

コロッケ用ホワイトルー

（❶～❸は98ページと同じ）

❹ ❸の鍋を弱火にかけ、牛乳を数回に分けて注ぎ入れながら泡だて器でしっかり混ぜ、塩も加える

❺ なめらかになったら中火にかけてさらに混ぜ続ける

❻ とろみがついてきたら火からはずして混ぜ、再び火にかける。とろみがしっかりするまで続ける

❼ 泡だて器をゴムべらに持ち替えてしっかり底から練り混ぜる。軽くポコポコしてくる状態まで加熱しながら混ぜ続けて火を止める

❽ ルーがまとまり、底にペタンとくっついてはがれるスライム状になっていればOK。ここで卵黄を加える

❾ 生クリームを入れなめらかになるまで混ぜて完成

カニクリームコロッケ

❶ 鍋にみじん切りのタマネギ、マッシュルームを入れてサラダオイルをからめ、弱火で3～5分いためる。日本酒を入れて煮つめる

❷ ボウルに❶を入れ、塩とカニのほぐし身、刻んだディルを加えてあえる。カニに塩分が多い場合、

塩は不要
❸ホワイトルーの鍋に❷を入れる
❹しっかり混ぜ、鍋に入れたまま130℃のオーブンに入れて15分加熱する。
❺粗熱がとれたらサラダオイルをぬったバットに入れて冷蔵庫に入れ、冷えたらカットする
❻まず表面にごく薄く小麦粉をつける。余分な粉はしっかりはたき落としておく
❼サラダオイルを加えた溶き卵にくぐらせる
❽ザルなどの目を通して細かくしたパン粉をまんべんなくつける
❾フライパンに少しサラダオイルを入れ、衣をつけたコロッケをそっと置いていく。衣がはがれ落ちないようていねいに
❿サラダオイルをコロッケの高さぐらいまでそっと注ぎ入れ、それから火をつける。中火で加熱
⓫130℃になってから1分ごとにそっと反転させながら4～5分揚げる。フライ返しや木べらなどを使ってそっと返すこと。乱暴にすると油がはねたり、衣がはがれてしまったりするので要注意
⓬色よく揚がったら、網かキッチンペーパーに上げて油を切れば完成。つけ合わせの野菜やレモンとともに皿に盛る

いろいろな料理のもとになるブラウンルー

ハッシュドビーフとビーフシチューには「ブラウンルー」を使いますが、「デミグラスソース」の缶詰を利用している人も多いのではないかと思います。本来のデミグラスソースとは、小麦粉のルーや香味野菜、トマトペーストなどを加えた褐色のダシ汁（ソース・エスパニョール）を煮つめたものですが、ご家庭でこれをつくるのはかなり大変。

ここではバルサミコやトマトジュースなどで本来の「うま味要素」を代用し、手軽に本格的な味が再現できるレシピを紹介していきます。

ブラウンルーは、すでに紹介したホワイトルーの途中の段階から少し手順を変えるだけ。小麦粉とバターでホワイトルーをつくり、これを茶色になるまで色づけてからバルサミコとトマトジュースを加えます。ダシはいためて煮込んだ肉と野菜から引き出せるので、これにブラウンルーを合わせれば本格的なハヤシライス、ビーフシチューができるわけです。

ブラウンルーの材料は、ホワイトルーと同じく小麦粉20g、バター20gが基本。ここにバルサミコとトマトジュースを加えて最後に練り上げますが、バルサミコやトマトジュースの量は好みで加減してください。まずは、これから紹介するレシピで一度つくってみましょう。

できあがったブラウンルーを水やワインなどで少しゆるめればハンバーグのソース、オムレツのソース、鶏のソテーのソースなど、いくらでも応用可能。しっかりいためたひき肉とタマネギを煮込んでブラウンルーを加えれば、パスタのソースにもぴったり。かなり高級な味わいの「スパゲッティミートソース」ができます。

　バルサミコはなんでもいいのですが、数千円もするような長期熟成のトロリとしたものは、次のレシピのように煮つめる必要はほとんどありません。熟成した「本物」のバルサミコはすでに無用な酸味は抜けて、うま味がじゅうぶん凝縮されているからです。

　スーパーで売っている1瓶1000円くらいのものは、ブドウ酢に砂糖、着色料を入れたもの。3分の1から4分の1くらいに小鍋で煮つめて酸味を飛ばし、うま味だけを引き出して使ってください。ブラウンルーは1カ月くらい冷凍保存できます。冷蔵庫でも1、2週間は大丈夫です。

recipe 26

ブラウンルー

リッチな味わいのつやつやルー

材料（108ページのビーフシチュー1回分）

無塩バター…20g／**薄力粉**…20g／**バルサミコ酢**…30g／**トマトジュース**…80g

つくり方

❶小鍋にバルサミコ酢を入れ、弱火にかけてゆっくり加熱し、少しずつ煮つめていく。焦がさないように注意。4分の1の量になればOK

❷火からはずし、トマトジュースを少しずつ加える

❸再び弱火にかけ、なめらかになるよう、よく混ぜる

❹別の鍋にバターを入れて動かさず、超弱火でじっくり溶かして火を止める

❺小麦粉を一気に入れて、しっかり底から混ぜてなめらかな状態に

❻しっかり混ざったら火を止め、そのまま5分ほど室温に置いてなじませる

❼再び鍋を弱火にかけてゆっくり加熱。サラサラの液状になるまで続ける

❽弱火〜弱い中火にかけて鍋からうっすら煙が上がり、ルーがフツフツわいて一部が茶色く色づいたら、火からはずしてよく混ぜる

❾これを4〜5回くり返すとだんだん色が濃くなる。全体がパンの耳くらいに色づき、香ばしい香りがたったら火を止める

❿余熱で少し混ぜ、均一になったら❸を入れる。バルサミコがブクブク泡だつが、顔を近づけるとむせるので注意

⑪ゴムべらでしっかり練り合わせる

⑫八丁みそのような色とかたさになればできあがり。多めにつくって、ホワイトルーと同様、冷凍保存も可能

途中までの工程はホワイトルーと同じ。ハッシュドビーフやビーフシチュー、タンシチュー、ハンバーグなどにかけるソースにも使えます。

recipe 27

ビーフシチュー

焼いてから煮込むから肉もおいしい

材料（2人分）

牛肉（バラ、モモ、肩、スネなんでも可）…280g／**ニンジン**…80g／**タマネギ**…80g／**マッシュルーム**…50g／**赤ワイン**…50g／**水**…300cc／**塩**…4g／**砂糖**…5g／**タイム**…1枝／**バジル**…2分の1枝／**コショウ**／**ブラウンルー**…106ページでつくったもの全量（ルーの状態により調節する）

つくり方

1. 冷たいフライパンに薄くサラダオイルをまとわせた肉をのせ、弱火でじっくり焼きはじめる
2. 同時に、鍋に切っておいた野菜類を入れ、サラダオイルをからめて弱火で10分いためる
3. 肉の中まで火が通り、押さえても肉汁が浮いてこなくなったら赤ワインを加え、アルコール分を飛ばしながら煮つめる
4. ❷と❸を鍋に入れ、肉の表面が見えなくなるくらいの水を加えて中火で沸騰させる
5. 沸騰したら大きな泡だけすくい取り、タイム、バジル、塩、コショウ、砂糖を加え、弱火でポコポコ沸騰する状態を保つ
6. 1時間半〜2時間煮込み、肉がやわらかくなったらブラウンルーを加えて混ぜ、弱火で約30分煮込む。その後、1時間休ませれば完成

ビーフシチューをつくったものの、「ソースはおいしいけど肉がスカスカ」なんて経験ありませんか？　でも煮込む前に肉をしっかり弱火で焼いておくと、中までしっとりおいしく仕上がります。

recipe 28

ハヤシライス

手頃なお肉ですぐできるリッチなひと皿

材料（2人分）

牛スライス肉（細切れなど）…200g／**タマネギ**…80g（小2分の1個）／**トマト**…150g（中1個）／**マッシュルーム**…80g（6～7個）／**バジル**…1枚／**赤ワイン**…50g／**日本酒**…150g／**水**…50cc（調整用）／**砂糖**…8g／**塩**…4g／**コショウ**…好みで／**サワークリーム**…好みで／**ブラウンルー**…106ページでつくったものを40g（仕上がりによって調節）

つくり方

❶フライパンに油を少量ひき、2㎝ほどの肉の小片をのせて弱火にかけ、しっかり色がついたら残りの肉を全部入れる

❷2分ほど焼き、全体に軽く焼き色がついたらキッチンペーパーを敷いたバットの上にとり出す

❸❷のフライパンで薄切りのタマネギとマッシュルームを弱火で5分いためて肉を戻し入れる

❹赤ワインと日本酒を加えて中火で軽く煮立て、アルコール分を飛ばす

❺角切りのトマト、バジル、砂糖、塩、コショウを加えて弱火で5分煮込む。水分が少なければ調整用の水を少し加える

❻ブラウンルーを加えて10分煮込む。好みでサワークリームを溶かし入れて完成

基本的なつくり方はビーフシチューと同じですが、うす切り肉を使うと煮込み時間がほとんどかからないので、短時間で仕上がります。肉と野菜のうま味を利用する調理方法ですから、コンソメなどを入れる必要もありません。

recipe

29

しょうが焼き

バルサミコとハチミツでいつもと違う味に

材料（2人分）

豚肩ロースライス（しょうが焼き用）…200g／タマネギ…140g

合わせダレ

しょうゆ…15g／ハチミツ…6g／バルサミコ…4g／しょうがのすりおろし…8g／ごま油…6g

つくり方

1. タマネギは1cm幅、豚肉は食べやすい大きさに切る
2. ボウルにしょうゆ、ハチミツ、バルサミコ、しょうがのすりおろしを合わせ、タレをつくっておく
3. 冷たいフライパンにサラダオイルを多めにひき、豚肉を並べて入れる
4. 弱火にかけ、白っぽくなったら裏返す。両面とも白っぽくなったらペーパーにあげて油を切る
5. 焼き油を捨て、フライパンの油をふきとる
6. フライパンにタマネギを入れ、サラダオイルをからめて弱火にかける。余分な油はペーパーでふきとり、軽くしんなりするまで5分ほどいためる
7. ❻のフライパンにごま油を入れてから肉を加えて合わせ、そこに❷のタレをからめる
8. 弱めの中火で1分〜1分半加熱して完成

豚肉はあらかじめ軽く下焼きしておいて、あとからタマネギと合体させる形です。合わせダレは先につくっておきましょう。

recipe 30

焼きロールキャベツ

ひき肉と野菜のうま味を引き出す

材料（1人分・2個）

ロールキャベツ用の肉

合いびき肉…80g／**塩**…0.7g

ソース

タマネギ…30g／**マッシュルーム**…10g／**ニンニク**…2g／**無塩バター**…5g／**日本酒**…20g／**水**…20cc／**トマト**…100g／**塩**…0.8g／**コショウ**…好みで

肉以外の具材

タマネギ…15g／**パン粉**…5g／**薄力粉**…適量／**牛乳**…5g／**溶き卵**…5g／**塩**…いためたタマネギ、パン粉、牛乳、溶き卵の重さの0.8％／**コショウ、ナツメグ**…好みで／**キャベツ(外葉)**…100g／**キャベツ用の塩**…ゆでたキャベツの重さの0.8％

つくり方

1. キャベツは沸騰した湯で3～4分ゆで、冷水に入れて粗熱をとったら水気をふきとる。0.8％の塩を、巻いたときの内側にだけふる
2. ボウルに肉と塩を入れて木べらやすりこぎで押さえつけるようにして粘りを出す。最初の段階では手の熱を加えないこと
3. 別のボウルにパン粉、小麦粉、牛乳、溶き卵を合わせ、さらに弱火で透明になるまでいためたタマネギのみじん切りと塩を加えて混ぜる
4. ❷と❸を合わせ、コショウとナツメグを加えて、今度は手で軽く混ぜる。ラップの上に❶のキャベツを適宜重ねて広げ、肉を半量のせる
5. ラップを端から持ち上げて包み込み、茶巾（ちゃきん）絞りにしてまとめる

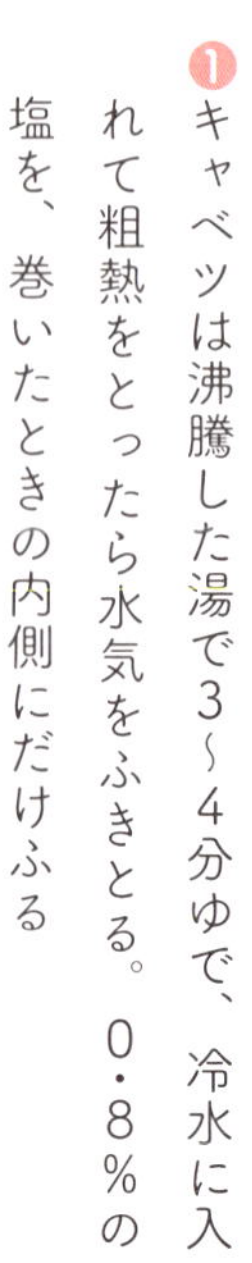

❻フライパンに薄くサラダオイルをひき、ロールキャベツの「綴じ目」を下にして入れ弱火にかける。10分焼いたら反転して3～4分で焼き上がり

ソース

❶トマト以外の野菜のみじん切りを無塩バターで5分、弱火でいためる
❷日本酒を加えてアルコールを飛ばす
❸小さな角切りにしたトマト、水、塩、コショウを入れ、トマトが煮崩れるまで5分ほど煮れば完成

煮込むのではなく、ゆでたキャベツで焼いてつくるので、ハンバーグのキャベツ包み、といった感じです。「ハンバーグにひと手間かける」という感覚で手軽につくれます。

recipe 31

ガスパッチョ

暑い日につくりたいスープ

材料（2人分）

トマト…160g／**加熱した赤パプリカ、黄パプリカ**…各40g／**キュウリ**…40g／**タマネギ**…25g／**耳をとった食パン**…20g／**レモンスライス**…2枚／**ニンニク**…5g／**バジル**…1枝／**水**…30cc／**バージンオリーブオイル**…10g

調味料

カイエンヌペッパー…少々／**コショウ**…少々／**塩**…下準備した野菜とオリーブオイル、パン、水の重量の0・9％／**グラニュー糖**…塩と同量／**ワインビネガー**…塩の2倍量

つくり方

❶パプリカの全体に油をまぶして170～180℃のオーブンで20～30分焼き、皮をむいて各5gずつを5㎜角に切って浮き実用にする

❷キュウリの皮を一部だけむき、5㎜の角切りにする。浮き実用の5gを分けておき、残りは塩分0・8％の熱湯に入れ、再沸騰して30秒で引き上げる

❸角切りトマト、タマネギ、ニンニク、食パン、❶のパプリカ、❷のキュウリ、レモン、バジル、水、オイル、調味料を袋に入れる

❹袋の端を少し開けたまま水を張ったボウルに沈め、水圧を利用して空気を抜き密閉する。中に水が入らないように気をつけて

5 密閉できたら、40℃の湯で10分ほど湯せんしてから冷蔵庫に入れる。時間があるときは湯せんをせず、2時間以上冷やす
6 すりばちなどで野菜を押しつぶすようにしてから、約5秒ミキサーにかける。再度荒めのザルでこし、パプリカとキュウリを浮かせて完成

材料をまったく加熱しない野菜ジュース風のつくり方もありますが、今回はパプリカの甘みやうま味を引き出すために、ゆっくりオーブンで焼きました。また、味を全体になじませるために冷蔵庫でいったんマリネしています。

野菜にひと手間かけるサラダ

どんな料理にも合う野菜のサラダ、基本中の基本であるグリーンサラダこそていねいにつくって、野菜をおいしくいただきましょう。単に洗った野菜をちぎって皿にのせ、上からドレッシングを大量にかけたものとはひと味もふた味も違う、本物のサラダです。

まず葉物野菜のグリーンサラダのつくり方ですが、野菜類は35〜37℃のぬるま湯で洗うと短時間でシャキッとします。植物は、生えているときと同じ温度にすると一番水分を吸い上げやすくなるのです。氷水につけると逆に葉がしもやけ状態になってしまいます。

そして水をしっかり切ることがとても大切。専用の水切り器より、タオルなどのほうがずっといいと思います。また、切る場合は鉄ではなくステンレスの包丁を使いましょう。鉄だと葉が変色する場合があるからです。

サラダは野菜にしっかり塩味をつけてからドレッシングをかけて仕上げましょう。塩で味を決めておけば、ドレッシングは風味づけ程度。お皿にドレッシングが流れるほど使ってはいけません。

葉物ではなく実物（みもの）の野菜をメインに使うサラダの基本も知っておけば応用がききます。今回はおなじみのアスパラガス、ナス、トマト、カボチャ、パプリカなどを使って温野菜サラダをつくります。実物野菜の温サラダは下ごしらえしたものを温かいうちにドレッシングであえて、それぞれの食感や香り、うま味をぞんぶんに味わうものです。

それには、下ごしらえをきちんとしておくことが最大のポイント。なにもかも同時にゆでてしまわず、焼いたほうがいいものと、ゆでたほうがいいものがあるので、気をつけてつくりましょう。

　基本的に「緑の実物野菜」はゆでて、他は焼く、と考えてください。アスパラガス、ブロッコリ、インゲン、エンドウ、オクラなどは色よくゆでます。カボチャ、パプリカ、ナスなどの緑色以外の野菜はフライパンでゆっくり弱火で火を通してください。トマトだけはフレッシュのまま使って野菜の新鮮さを強調しました。

　葉物のサラダ同様、素材に塩味をつけるので、ドレッシングはごく少量です。

\ recipe /

32

グリーンサラダ

葉物野菜をシャキッとさせていただく

材料（1～2人分）

好みの葉物野菜（ロメインレタス、チコリ、トレヴィス、ルッコラのほか、クレソン、レタス、小松菜、ホウレンソウ、白菜などなんでも）／塩…野菜の重さの0.6%／コショウ…少々

ビネグレットソース（フレンチドレッシング）

赤ワインビネガー…5g／サラダオイル…5g／マスタード…2g／塩…0.1g／グラニュー糖…0.2g

つくり方

ドレッシング

❶最初に基本のビネグレット（フレンチドレッシング）をつくります。まずボウルに赤ワインビネガーを入れる

❷マスタード、塩、砂糖を加える。マスタードの酸味によってビネガーの量は調節する

❸泡だて器などでマスタードが溶けるまでしっかり混ぜ合わせる

❹サラダオイルを加える。好みでオリーブオイルなどを使ってもかまわない

❺ボウルを傾けず、泡だて器を同じ場所で左右に小さく動かし続けて水分と油を乳化させる

❻トロリとして少し白濁してきたら乳化が完了。これでできあがり

サラダ

❶葉物野菜はひと口大の大きさにちぎる。切る場合はステンレスの包丁で。鉄だと葉の切り口が変色

することがある。切った野菜はボウルに張った水に入れてパリッとさせる

❷水は常温でもよいが、35〜37℃のぬるま湯が最適。氷水に入れるとしもやけの状態になるので避ける。すべての野菜を水につけて5分ほどおく

❸野菜が水分を吸ってパリッとしたら、ザルに上げて水をざっと切っておく

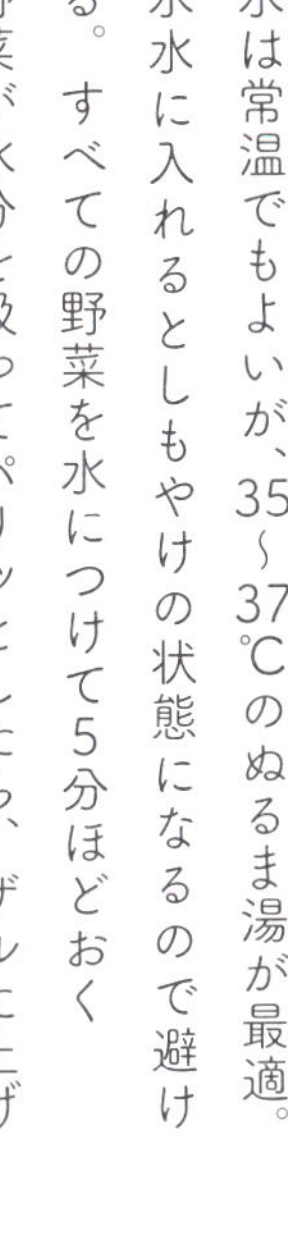

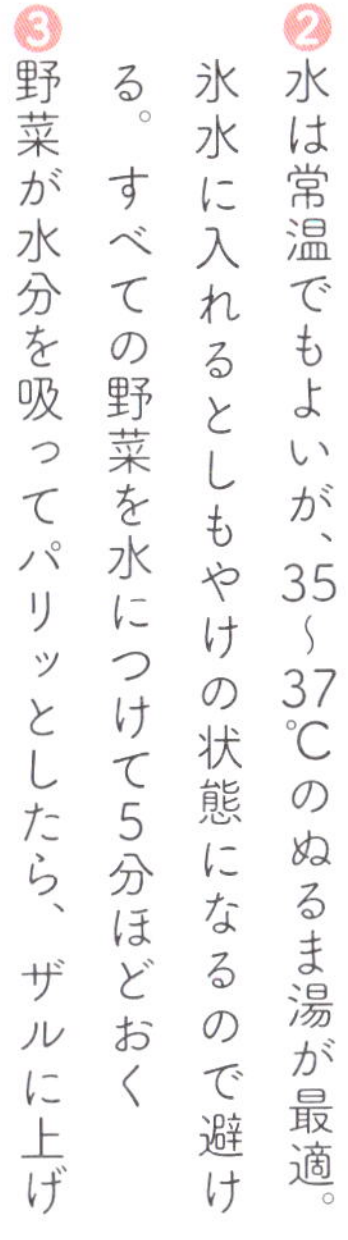

❹大きめのタオルを調理台に広げ、その上に❸の野菜を均等に並べる。葉をキズつけないようていねいにあつかう

❺タオルを手前と奥から折りたたみ、野菜全体をふんわり包む。このときも、野菜の葉を押しつぶさないよう注意する

❻野菜を包んだタオルを両側からまるめるようにして両手に持ち、つぶさないよう空気を含ませたまま上下にふって水分をタオルに吸収させる。タオルの中で野菜を躍らせるようにすると水分が早くとれる

❼水分がとれたら、塩をまんべんなくふり全体に混ぜる。両手を使い下から上に返しながら混ぜると葉もキズつかず、全体に塩が回る

❽ドレッシングを少しずつ加えていく。ドレッシングは「風味づけ」の役割なのでかけすぎないよう注意。ボウルの底に残るようでは多すぎ

recipe 33

温野菜サラダ

野菜が温かいうちにドレッシングをからめて風味豊かに

材料（1〜2人分）

赤パプリカ…6分の1個／**黄パプリカ**…6分の1個／**グリーンアスパラガス**…1本／**ナス**…2分の1本／**カボチャ**…40g／**ミニトマト**…4個／**モロッコインゲン**…1本／**塩**…加熱後の野菜の重量の0・8％／**サラダオイル**…適量

ビネグレットソース（フレンチドレッシング）

赤ワインビネガー…5g／**サラダオイル**…5g／**マスタード**…2g／**塩**…0・1g／**グラニュー糖**…0・2g

つくり方

❶ カボチャは7㎜厚に、ナスとパプリカは細長く切ってフライパンに入れる。サラダオイルをからめ、弱火でゆっくり焼く

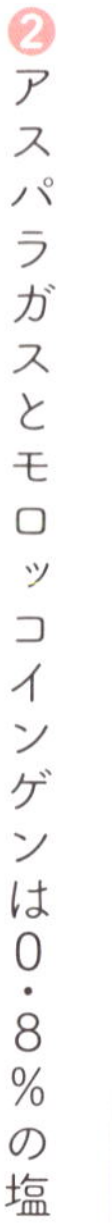

❷ アスパラガスとモロッコインゲンは0・8％の塩を入れて軽く沸騰させた湯でゆでる

❸ 水につけて粗熱をとる（このまま保存したい場合は塩0・8％の冷水に10分つけてから水気を切る）

❹ まだ温かいうちに、トマトを横半切りにしたものと❶❸を合わせて全体の重さをはかる

❺ ❹の重量の0・8％の塩をして軽くあえる。味はここで決まる

❻ 乳化させたドレッシング（120ページ）をかけてよくあえる

下ごしらえをきちんとしておくことが最大のポイント。素材に塩味をつけるので、ドレッシングはごく少量で大丈夫です。

プリンでわかる卵のあつかい方

最後にご紹介するのはデザートです。卵、牛乳、砂糖というもっとも身近な材料でできるプリンをつくってみましょう。

お料理好きな方だったら、何度か試してみたことがあるのではないでしょうか。ところが、これまたなぜか「表面がブツブツ」（「す」が入る）、「かたすぎ」「かたまらない」「カラメルソースが苦い」などの失敗事例が多数報告されています。

結論をいうと、すべての失敗原因は「火加減」。それだけです。プリンは金属や竹製の蒸し器でもつくれますが、今回は温度管理がしやすいオーブンを使います。

一般的に、液体をかためるために料理で使われるのは、タンパク質系のゼラチン、海藻系の寒天、小麦のグルテン、卵など。ゼラチンは低温でかたまり、寒天は常温でかたまり、グルテンは焼いてかためます。プリンは加熱することで卵のタンパク質をかため、それを冷やして食べるわけです。これを冷やさないのが茶碗蒸し、ということになります。

ご紹介するプリンのポイントは、牛乳や生クリームの乳脂肪、卵黄、卵白などがひとつだけ先にかたまってしまったり、ひとつだけかたまらなかったりという温度にしないこと。いずれも温度管理がなにより大切です。

先述したオーブンを使うこととともうひとつ、陶器の器を使ってつくってください。プリン型として売られているものは金属性のものが多いですが、金属はご存じのとおり熱伝導がいいので、表面が熱くなりすぎて「す」が立ってしまいやすいのです。

金属の器でも、たとえば竹製の「せいろ」などで蒸すのであれば急激に温度が高くなることがないので、さほど気にする必要はありません。でも「金属容器+金属製の蒸し器」だととても高温になりやすく、かなり注意をしないとなめらかにできあがりません。

というわけで、ここでは「陶器の器+オーブン」という組み合わせで失敗のないつくり方をご紹介していきます。

気をつけていただきたいのは、「温度が急激に上がりすぎないようにすること」。オーブンに入れる際、バットの底と側面にキッチンペーパーを敷くのも、温度の上がりすぎを防ぐための工夫です。

また、なめらかなプリンに絶妙の苦味を加えるカラメルソースは、けっして焦らず小鍋でゆっくりゆっくり少しずつ煮つめてください。鍋の底全体に炎を当てず、炎に鍋が「腰掛けている」ような状態で少しずつ加熱すると、焦がして失敗することがありません。

recipe 34

プリン

オーブンによるゆっくり加熱でなめらかに

材料（大きめの器1個分・小さめの器なら2個分）

カラメルソース

砂糖…20g／水…10cc

プリン

卵（中1個）…55〜60g／砂糖…30g／牛乳…90g／生クリーム…20g／バニラビーンズ…10分の1本

つくり方

カラメルソース

❶小鍋に砂糖と水を入れ強火にかける。沸騰すると泡が出てくる

❷フツフツと全体がわいて、どこか一部が茶色く色づいてきたら鍋を火からはずす

❸火からはずしたまま鍋を回して、色が全体にいきわたり、泡が落ちついたら今度は弱火にかける

❹再びどこか一部が濃く色づいたら、また火からはずして鍋を回す

❺これを何度もくり返して段階的に色を濃くしていく

❻じゅうぶん濃い色がついたら完成。すぐに型に流し込み、手早く型を回してカラメルを底に広げる

プリン

❶ボウルに卵を割り入れ、箸などで切るようにしてコシを切りながらよく混ぜる

❷鍋に牛乳、生クリーム、切り込みを入れて種を出したバニラビーンズ、砂糖を入れて弱い中火にかける。ときどき混ぜながら温度を50℃まで上げて砂糖をしっかり溶かし、火を止める

❸❶に❷を加えてよく混ぜる。泡が出ないようにしっかり混ぜ、20分ほど休ませる

❹なめらかな口当たりになるよう、❸をザルで静かにこす。このあたりでオーブンを150℃に予熱

し準備しておく

5 ❹を、カラメルソースを入れた型にひとつずつ注ぎ入れる

6 型が入る大きさのバットを用意し、二重にしたキッチンペーパーを底と側面に敷き、型を並べてからバットに70～75℃のお湯を注ぐ。プリン液と湯の水面が同じ高さになるように（125ページ下の写真参照）

7 バットごとアルミホイルをかけ、150℃に予熱したオーブンに入れる。アルミホイルがめくれ上がらないよう、軽い網などで重しをしておく

8 40～50分加熱する。型を小さく揺らして、波紋ができるようだったら5分単位で延長して加熱する。焼き上がったらオーブンから出し、湯せんのバットのまま冷ます。冷めたら、バットから器を取り出してさらに冷蔵庫でよく冷やす。逆さにして器から取り出したら完成

PROFILE

水島弘史〈Hiroshi Mizushima〉

フランス料理シェフ、料理研究家。1967年、福岡県に生まれる。大阪あべの辻調理師専門学校および同校フランス校卒業後、フランスの三つ星レストラン「ジョルジュ・ブラン」で研修。帰国後、渋谷区恵比寿のフレンチレストラン「ラブレー」に勤務、1994年より3年間シェフを務める。2000年7月に恵比寿にフレンチレストラン「サントゥール」を開店。後に「エムズキッチンサントゥール」と改め、2009年4月まで営業。現在は、麻布十番にて水島弘史の調理・料理研究所を主宰し、すべての料理に通じるプロのルールを伝えている。

◎水島弘史の調理・料理研究所
http://mizushimacuisine.sakura.ne.jp/

構成　小幡恵
カバー・本文写真　石田健一／坂本禎久
本文イラスト　中村知史
本文ＤＴＰ　アスラン編集スタジオ

※本書は、『野菜いためは弱火でつくりなさい』『家庭の煮物に「ダシ」はいりません』『野菜いためは弱火でつくりなさい いつもの家庭料理が急に美味しくなる33のレシピ』『本当においしい肉料理はおウチでつくりなさい』（すべて青春出版社刊）の内容を再編集し、一冊にまとめたものです。

「塩少々」をやめると料理はうまくなる

2019年7月1日　第1刷

著　者　水島弘史

発行者　小澤源太郎

責任編集　株式会社プライム涌光
電話　編集部　03(3203)2850

発行所　株式会社青春出版社
東京都新宿区若松町12番1号〒162-0056
振替番号　00190-7-98602
電話　営業部　03(3207)1916

印　刷　大日本印刷　　製　本　大口製本

万一、落丁、乱丁がありました節は、お取りかえします。

ISBN978-4-413-11297-0 C2077